Un Temps - Numéro 3 Janvier 2019   **La Réalité**   I

Un Temps N°3

ISBN : 978- 2 - 956714 - 4 - 22

SOMMAIRE

EDITORIAL 3
Charles Imbert

CONCEPTIONS DE LA REALITE
EN PHYSIQUE 6
Eric Hermblast

EXISTE T-IL DES REALITES MULTIPLES ? ... 17
Jean François Henry

LES CHOSES N'ONT QUE LA VALEUR
QU'ON LEUR DONNE 28
Yves Le Maître

ACTUALITES 37

SUR-REALITE ET SOUS-REALITE 39
Charles Imbert

LE RAY-EL COMME UN RAYON
DE LA LUMIERE UNIVERSELLE 52
Yoann Lamant

UNE CERTAINE REALITE CHINOISE 62
Eulalie Steens

LE GOUVERNEMENT PAR LE MENSONGE ... 69
Michel Barster

CRITIQUES LITTERAIRES 81

CHARTE DES CONTRIBUTEURS 85

EN CONCERTATION AVEC ECLOSION, NOTRE EDITEUR :

Un Temps est une revue à périodicité aléatoire (trimestrielle ?), qui comptera au moins un numéro par an, selon son gré et ses envies.
Les Contributeurs de Un Temps ne s'obligent à rien, sinon à la plus haute qualité qu'il soit possible de donner à leurs apports.
En conséquence de notre liberté, il n'existe pas et n'existera pas d'abonnement(s).
Un Temps sera annoncé sur le Site internet d'Eclosion, et sur différents supports. Ce sera au lecteur d'aller se renseigner au cas où il penserait qu'un nouveau numéro a pu sortir. C'est peut-être anti-marketing, mais la qualité est à ce prix. Nous considérons que l'acte d'Achat d'un lecteur est un acte unique. De même, chaque numéro est un acte unique.

Un Temps est édité par Eclosion
10, rue du Fort, 62124 Barastre.
Site Internet : www.eclosion-shop.fr
Adresse mail : postmaster@eclosion-shop.fr
Dépôt légal hiver 2018

Comité de rédaction : Charles Imbert, Yves Le Maître, Serge Fosse, Michel Barster.

Été 2018 : Les Archétypes
Automne 2018 : Défunts et NDE
Hiver 2018 : La Réalité
Printemps 2019 : La Fécondité
Été 2019 : Méthodologies
Automne 2019 : La Santé

EDITORIAL

L'ambition d'exposer au delà de l'évidence...

Bien sûr, il ne s'agira pas d'expliquer, ni de prendre parti, ni de statuer sur une conception-acception moderne de la Réalité. Nous avons voulu vous proposer un numéro qui, tout en couvrant les champs connus et répertoriés de la problématique du réel, apporte parfois du nouveau (oui), de la précision, ou de la poésie… En somme, comme d'habitude à *Un Temps*. Et l'ambition d'en traiter n'était pas de montrer qu'on avait compris ce de quoi on parle, ni même de faire le tour du magasin en se déclarant avertis. Il n'y avait pas non plus à dénoncer des vues, ou se moquer d'ambitions passées et datées.

Avec un petit coup d'œil sur internet pour voir ce que le sens commun moderne peut en dire, on découvre que la Réalité, c'est ce qui s'oppose à l'illusoire, au rêve, à l'insubstantiel. Cette définition résume parfaitement ce dont nous avons traité dans nos approches : le Réel et la Réalité, c'est bien sûr autre chose que cette stupide dichotomie. Il ne fallait pas traiter de la normalité ni de l'illusion – ça, c'est *autre chose*.

Il y avait aussi une gageure : sortir de la spiritualité pour traiter de la nature des choses. On voit tout de suite le risque, et la possibilité du manque. Mais une fois les projets d'articles distribués aux contributeurs, il fut clair que chacun allait traiter des angles possibles.

Eric Hermblast s'est emparé du difficile article, bien nécessaire, devant traiter des conceptions actuelles de la Réalité en physique. Il l'a fait avec son humeur habituelle, émaillant son texte de sorties spéciales qu'on ne lui reprochera pas, en regard de la synthèse critique qu'il a posée, en particulier sur le quantique que, selon lui, « on gobe un peu trop ».

Jean-François Henry, un prestigieux vidéaste couronné internationalement (même si les médias français regardent ailleurs) qui est aussi un vieil ami, nous a regardé sortir nos deux premiers numéros en se demandant s'il entrerait dans le bain. Comme finalement c'est le grand bassin avec plongeoir olympique, il s'est décidé à nous rejoindre, et j'espère sincèrement qu'il continuera de contribuer régulièrement. Son article sur les réalités multiples étant tout aussi nécessaire, il nous l'a traité de manière exhaustive (lui qui se défend parfois d'en savoir très long et fort complet), sans cependant y apporter de critiques…

Aussi ces réalités multiples apparaissent comme possibles, alors que le débat continue de faire rage sur la question des réalités concrètes ou des réalités vraies.

Il faudra que j'en dise deux mots ici, puisque Jean-François, submergé de travail, a décliné la possibilité d'étendre son propos. Il faudra donc d'abord savoir que la question de la pluralité des Mondes était déjà évoquée par les premiers pré-socratiques, 200 ou 300 ans avant Platon. Bien sûr, la Science refuse d'évoquer ces origines, cette genèse conceptuelle, car ce serait admettre que le fond (tous ces mondes virtuels, n'est-ce-pas) de la question lui échappe pour redevenir philosophique et *méta*physique au premier sens du mot.

Justement, donc, ensuite, dans les années 1950, des travaux de logique modale ont rouvert la métaphysique, avec les apports de Stig Kanger (1924-1988), Jaakko Hintikka (1929-2015) ou Saul Kripke (1940-?), afin de déterminer les statuts des monde possibles. Les avis diffèrent de nos jours sur leur densité, postulée à 100% pour certains (David K. Lewis 1941- 2001), d'autres (Alvin C. Plantinga 1932-? ou Peter van Inwagen 1942-?) les voyant comme des parfums poétiques abstraits sans utilité ni finalité. Le plus amusant est que ces chercheurs en philo ont réussi à retrouver les questions des notions de Leibnitz, ou des Idées pré-existantes de Platon, tout en les décorant de verbiages et prosodies nouvelles, auxquelles ils concèdent des souplesses nécessaires, afin de maintenir un flou permettant de continuer de parler pendant que le public bâille (et paye).

Le débat est si intense que les physiciens proprement dit ont protesté, désirant conserver la prérogative de leurs propres discours. Nous en sommes aujourd'hui à deux formulations, deux statuts, *'les mondes possibles'*, relevant de la logique et de la philo analytique, et *'les mondes multiples'*, relevant de la mécanique quantique…

Yves Le Maître nous explique que nous créons notre réalité. Il le fait avec un luxe soigné, une démarche et une exposition, pour aller plus loin qu'une simple phrase ou les mots plats *"créer sa réalité"*. En effet, nous habitons chacun dans des marges définies (Jung ne l'aurait pas nié) et avec en quelque sorte un destin, ou un programme, et s'en libérer (les orientaux en ont beaucoup parlé) requiert ascèse, application, détermination. La plupart d'entre nous se contentent d'un peu changer des choses, alors que la possibilité en est infinie (puisque les possibles sont infinis), quoi que tout soit non contradictoire et restant dans le même ordre et, somme toute, le même destin. On peut le comprendre, et Yves vous y invite.

J'ai quant à moi vidé mon esprit de tout une lourde densité, après avoir rédigé mon article, car j'y ai cité les théories des ordres implicites, pas assez longuement, peut-être, si on admet qu'on pourrait toujours plus en dire (cet ordre gouvernant des sous-plans, des variables, etc.), mais par contre, dans la seconde partie, j'ai présenté une évolution des conceptions culturelles des fondements de la Réalité en art (le beau), en économie (la valeur), en science (le tangible), et encore selon d'autres aperçus.

Yoann Lamant nous avait apporté ses serpents et dragons dans le n°1, et il nous confie ici un article prenant à bras le corps l'inévitable autre vision de la Réalité, par la poésie, le symbolisme et le panthéisme. Nous avions espéré un article pataphysique, pour ce numéro, qui aurait clos la vision de la réalité par le biais de l'humour, mais cet article n'est pas arrivé. En lieu et place, certains accents de l'article de Yoann meublent cet aspect, tout en ouvrant à d'autres très vastes possibilités que l'infini matériel.

Certes, j'ai lu ce numéro de Un Temps avant d'en écrire l'édito. Vous verrez donc aussi que la question de l'acceptation des variables a été intégrée par la culture chinoise avec Eulalie Steens, la réalité pragmatique étant celle du travail ou des rites et des règles, sans exclure l'acceptation du scepticisme bouddhique. Son article nous exposerait qu'il est possible de nier qu'il fait froid et qu'il gèle, tout en contemplant la beauté d'un cristal de neige ?... Non, j'exagère... Eulalie ne se permettrait pas de critiquer le doute qui veut critiquer, car le Tao était là avant le Bouddhisme, et le Tao contemple peut-être mieux que le Chan, lorsqu'il est l'heure de contempler. De façon très intéressante, un passage de cet article nous expliquera que ce sont des germes déposés par d'anciens Légistes qui ont pu aider à l'auto-soumission du peuple chinois à une des pires formes de totalitarisme qu'ait connu le XXe siècle.

Enfin, l'article de Michel Barster abordera la question des Réalités manipulées, ce qui est en soi un sujet incontournable, et de fait, presque final... *On* veut bien nous laisser nous faire une idée, mais pas trop.

Cet article ne présente pas de bibliographie associée, et Michel nous a indiqué que s'il avait commencé à donner des conseils de lecture, son article aurait explosé. Comme il cite parfois Christian Salmon (et son *Storytelling*, recommandé aussi par Yves Le Maître) ou Wilfrid Pareto (1848-1923), le sociologue qui exposait que 20% d'une population gouvernaient toujours les 80% autres percentiles, il faut supposer qu'en dehors de ses chouchous, il aurait eu à cœur de citer tant de sociologues et de psychologues que, de fait, la liste aurait pu remplir 3 pages...

Il faudra aussi que je mentionne le regret d'avoir attendu des collaborations qui ne se sont pas concrétisées pour ce numéro, comme si après un étincelant n°1 et un profond n°2, certaines de nos estimées connaissances avaient décidé d'attendre où l'aventure allait mener, avant de continuer de s'exprimer. Il est vrai que nous avons été déçus, sinon trahis, par notre imprimeur/routeur, qui devait nous faire vendre, par exemple, sur Amazon, ce qui ne s'est pas fait... 2019 nous verra donc repartir sur de nouvelles bases.

Et puis, pour clore cet édito, je passerai la parole à Ramana Maharshi (1879-1950), qui disait quelque chose en accord avec Yves Le Maître, en quelque sorte, pour énoncer :

« Il n'existe pas de plus grand mystère que celui-ci : nous-mêmes sommes la réalité et nous cherchons à atteindre la réalité. Nous pensons que quelque chose cache notre réalité et qu'il faut le détruire avant de pouvoir la gagner. C'est ridicule. Un jour viendra où vous rirez vous-même de vos efforts passés. Ce dont vous rirez, ce jour-là, est aussi présent ici et maintenant. »

Evidemment, c'est un peu spécial, alors je laisserai le vrai mot de la fin à Philip K. Dick :

« La réalité, c'est ce qui continue d'exister lorsqu'on cesse d'y croire. »

Charles Imbert

CONCEPTIONS DE LA RÉALITÉ EN PHYSIQUE

Une présentation classique, en développements sur la base reconnue

Eric Hermblast - Voyageur intermittent

Le discours de la science nommée Physique a toujours été de rendre compte de la Réalité de manière intelligible. Einstein (qu'on apprécie ou non ce personnage, celui-ci ayant *au moins* joué un rôle avec ses contemporains physiciens) disait :

« La science n'est pas une collection de lois, un catalogue de faits non reliés entre eux. Elle est une création de l'esprit humain au moyen d'idées et de concepts librement inventés. Les théories physiques essaient de former une image de la réalité et de la rattacher au vaste monde des impressions sensibles. Ainsi, nos constructions mentales se justifient seulement si, de quelque façon, nos théories forment un tel lien. » (1)

On notera, dans cette citation, l'usage prudent du mot 'inventés' en lieu et place du mot 'découverts', de façon à souligner que cette création de l'esprit, lui même réduit (on peut essayer) par le mot 'humain' mériterait l'adverbe 'librement' – de façon à souligner une gratuité, une variation, dans l'évolution des 'idées' ; ainsi cette évolution des idées serait une, disons "perpétuelle adaptation et sophistication par l'esprit 'humain' de ses conceptions et interprétations 'libres' du réel". C'est bien sûr une théorie réductionniste scientiste, concédant en soi à l'anthropomorphisme d'être le champ et l'horizon de ses discours, donc il ne faudra tenir aucun compte de ce manque de compréhension de ce que sont l'esprit, la découverte des faits (et non leur invention depuis des impressions sensible a priori) et la cohérence entre esprits et faits (cohérence à laquelle, au moins, cette citation datée de 1938 souscrivait, ce pourquoi elle figure ici).

Cette position était partagée par de nombreux physiciens confrontés aux données perturbantes de la mécanique quantique, qui à l'époque (entre les deux guerres…) formulaient des illogismes, des paradoxes et peut-être des impasses. On aura une bonne image de ces découvertes ahurissantes en se référant, par exemple, au *Cantique des Quantiques*, dont nous avons une critique littéraire dans ce numéro (2).

Ainsi, en même temps que la Physique gavait les médias avec ses découvertes sur l'atomisme, expliquant d'une main qu'on tenait enfin des explications sur comment la matière

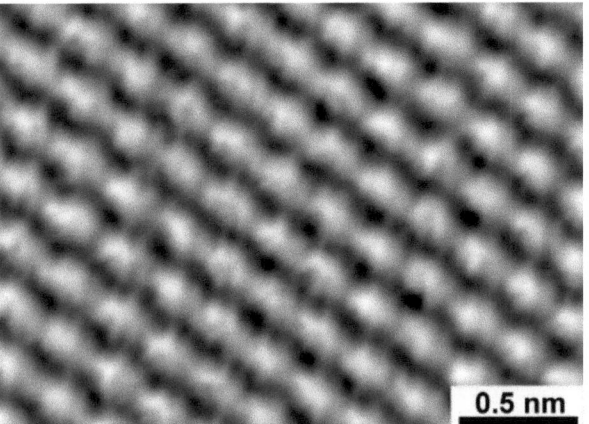

Voici la nano image d'une surface de graphite (carbone à 100%) obtenue par microscope électronique à effet tunnel au Centre pour les Nanosciences de Munich. C'est une photo libre de droit (gemeinfrei) de Herr Frank Trixler, de la Ludwig-Maximilians-Universität München

était formée, rendant la chimie possible, de l'autre main on vivait au bord de non-explications, avec des chats morts et vivants, en même temps.

Le traumatisme fut énorme, et il méritera quelques mots plus avant. Les physiciens ne comprenaient pas, ils butaient sur les interprétations avec leur bagage culturel limité en philosophie (et qui l'est toujours : ils suffit de voir ce que ceux d'entre eux désignés comme les plus brillants écrivent à propos du temps ou de l'infini).

La réponse à la logique en apparence dévoyée du quantique est pourtant claire : on cherche de l'interprétation là où on ne peut plus en faire. Par exemple, les atomes du phosphore rouge et du phosphore blanc ne sont plus ni rouges, ni blancs, mais qui irait s'en étonner ? Si on coupe un chat en deux, aucune des deux parties ne va réussir à miauler ou ronronner. Il en est de même pour la molécule, déjà, et pour l'atome, a fortiori : si on entre dans une qualité, on perd ce qu'elle est pour trouver des 'bouts'.

Autrement dit, on se trompe épistémologiquement depuis le début en considérant du complémentaire (le monde de l'atome) comme non complémentaire. Il existe dans la nature du continu et du contigu, et il n'y a pas de rupture de cohérence en changeant d'échelles, mais ruptures de continuums, et de champs de cohérence. J'arrête là, car ce qui est clair ne doit pas être éclairé sans qu'une pensée le mérite. Avec le quantique, nous sommes sur une autre échelle du cosmos (tout comme les sondes sortant du système solaire renvoient des aberrations, car elles pénètrent elles aussi dans d'autres niveaux de cosmos).

...les atomes du phosphore rouge et du phosphore blanc ne sont plus ni rouges, ni blancs, mais qui irait s'en étonner ?

Revenons à plus prosaïque : au milieu du chaos quantique, il émergea vite des petits malins, doués pour tirer parti, et du système, et d'une habileté à tirer les marrons du feu. Les physiciens quantiques se targuent d'une capacité à démontrer que ce qu'on croit être vrai est complètement faux, et ils rejoignent ainsi une grande variété de faisans qui dans l'histoire humaine exploitèrent ceux qui voulaient bien écouter sornettes et lorgner miroir aux alouettes. Cependant, pour accéder à cette enviable position, on ne dira pas

L'image de l'atome de Strontium
(pour des raisons de copyright, nous ne pouvons reproduire l'image de ce point... imaginez un point)

Une photo a récemment circulé, en 2018, représentant un seul atome de Strontium, pris dans un piège à ions au laboratoire Clarendon de l'Université d'Oxford. Cette photo a remporté un concours britannique de photographie scientifique. David Nadlinger, étudiant en doctorat, a réalisé cette photo avec un simple appareil photo Canon 5D Mark II, pour capturer une tache lumineuse entre deux électrodes écartées de 2,3 mm.

Des critiques n'ont pas manqué de s'élever :

a) En fait, ce point n'est pas l'atome, il représente la zone de l'atome, puisque d'abord, on ne peut pas voir un atome, puisque il est plus petit que la longueur d'onde de la lumière (un atome fait environ un angstrom, en fait la longueur d'onde des rayons de Roentgen, loin au delà de l'ultra-violet).

b) Ensuite, c'est un peu comme de photographier de nuit la voiture d'une star de cinéma, à un kilomètre. Vous voyez à peu près que la voiture doit arriver devant une maison. Vous prenez une photo longue exposition à distance avec télé-objectif, et vous pouvez voir un halo correspondant aux phares de la voiture, qui a bougé pendant la photo. La voiture était bien là, il y a des formes floues, mais ça ne représente pas une voiture.

c) Enfin, la photo d'Oxford présente un point qui fait, in fine, 4 pixels de diamètre. Sachant que le cadrage comprenant les électrodes faisait 150 pixels (pour 3 mm), l'atome est en fait des millions de fois plus petit que le point de la photo.

Une autre question pourrait se poser, celle de l'éclairage dudit atome, car lorsqu'on photographie, soit l'objet est éclairé, soit il se détache en sombre sur un fond lumineux, soit il brille de lui-même : aucune de ces trois conditions ne semblant définie (projections et rebonds de photons, ou émissions de photons, etc.), il faudrait supposer (???) que le "piège à ions" (sur lequel nous n'avons pas de précisions) était en lui-même de nature *éclairante*.

Bref, c'est tout de même bien l'atome de Strontium qui est à l'origine du phénomène constaté, un point visible par le capteur de 21,1 Mpx du Canon. Donc, désolé pour les aigris et les aigus, c'est authentiquement la vision d'un quelque chose... qui n'est autre qu'un atome de strontium.

---

qu'ils ont dû eux-même sacrifier à un désespoir (dont ils font parfois état), en subissant des enseignements radicaux sur le non-sens.

La préface de Karl R. Popper au livre de Franco Selleri "Le grand débat de la théorie quantique" (3) commence son second paragraphe par « *Le point le plus important, dans ce lavage de cerveau, c'est le problème de la compréhension.* » Le terme de "lavage de cerveau" est évoqué dès le premier paragraphe de cette courte préface de deux pages pour qualifier l'enseignement traditionnel de la mécanique quantique. Il faudra donc laisser d'autres articles s'occuper du quantique dans ce numéro (ou lire ma critique sur le bouquin de Selleri), pour, dans le présent article, nous recentrer sur ce fameux problème de la compréhension de ce qui nous entoure.

A vrai dire, le fameux lavage de cerveau aura été étendu, au XXe siècle, par d'autres théoriciens (Bertrand Russel, David Hilbert, Kurt Gödel) jusqu'à ce qu'on nomme l'axiomatique, c'est à dire le maniement des concepts de base de la logique (les axiomes, ou concepts racines, que l'on peut aussi nommer notions). Ce serait bien dommage de voir des hommes de science démonter la science, et scier la branche soutenant fondamentalement leur babil, si ce n'était simplement pitoyable et même pitre ; ils ne firent que souscrire à une "pollockisation" du genre réduction de l'art à des projections de taches, comme on le verra dans l'article de Charles Imbert. Aussi, pour clore cette introduction, il vaudra mieux se souvenir des immortelles paroles de Rabelais :

« Tirons la chasse, cornegidouille, tirons la chasse, car mieux vaut un sociologue sachant ce qu'il dit que trois physiciens armés de chasse-marde pour tirer sur les andouillettes dans les coins. »

... en fait, la découverte fondamentale et renversante de la fin du XIXe siècle est la constante de Planck

---

La Réalité, c'est ce qui est réel, tangible, matériel. Il sera nécessaire de faire le tour de ces concepts associés et de leur histoire pour bien comprendre ce qu'est la réalité.

La Réalité est bien entendu confondue avec des concepts comme l'Univers (on suppose qu'elle est la même partout, que ce soit dans le village d'à côté ou à l'autre bout de la planète, ce qui aboutira à l'établissement des fameuses contantes cosmologiques). Mais elle se prolonge bien entendu plus loin : non seulement elle est la densité continue, mais elle se manifeste aux sens de l'homme (et on suppose que là aussi, elle est la même pour tous – les Lois, *us* et *jus*, sont fondées sur ce postulat très peu remis en cause).

Oui, on le suppose… Et on n'a aucun outil pour le vérifier, sauf des outils mathématiques, qui ne font que formaliser la pensée. Autrement dit, contrairement à ce que dit Kant, on ne peut pas parler au mur qui nous sépare de Dieu, parce que c'est le mur qui nous parle. Pour mieux illustrer ce renversement du constat des faits vers la constatation du constat (celui qui observe est en fait observé, disait déjà Platon dans le Parménide pour expliquer comment le Un découle toujours du nombre précédent pour s'ajouter à lui et créer le suivant), nous nous tournerons vers Poincaré, l'inventeur de la relativité. Ce génial mathématicien envisageait par exemple l'existence de deux espaces, l'espace géométrique et l'espace représentatif ; il ne faudra qu'un minimum d'effort pour, en remplaçant le mot 'espace' par le mot 'réalité', donner un sens à une démonstration :

Pour lui, l'espace géométrique est continu, infini, en 3 dimensions, mais il est aussi isotrope (les droites passant par un même point sont identiques) et homogène (tous ses points sont identiques entre eux). Nous retrouvons ici la fameuse supposition évoquée quant à la réalité.

Mais les choses se corsent avec l'espace représentatif défini par Poincaré. Celui-ci n'est ni isotrope, ni homogène, et peut être pas avec trois dimensions. En effet, nos représentations et constructions synthétiques (qui ne sont jamais a priori, comme l'espérait Kant) ne seraient que des projections idéalisées de nos sensations (le visuel, le tactile et le moteur). Nous n'avons en aucun cas une représentation des éléments de l'espace géométrique (infini, homogène, isotrope, continu, en trois dimensions) mais nous raisonnons et déduisons, culturellement, sur ces éléments comme placés dans l'espace géométrique.

Autrement dit, les axiomes euclidiens ne sont là que conventions. On n'a jamais vérifié qu'une infinité de droites pouvait passer par un point, ni que des parallèles ne se rejoignaient pas à l'infini. Nous retrouvons donc ici les "idées et concepts librement inventés", cités par Einstein, qui décidément avait lu Poincaré jusqu'au bout. L'idée que le temps soit une quatrième dimension est de fait, aussi, une convention commode, déjà citée dans l'Encyclopédie (dite de Diderot) de 1754. Lorsque Poincaré postule en 1902 dans *La Science et l'Hypothèse* un monde à quatre dimensions, il ne sait pas encore qu'Einstein en fera son beurre : un continuum rigide et tenant debout.

En fait, la découverte fondamentale et renversante de la fin du XIXe siècle, présentée le 14 décembre 1900 à la Société de Physique de Berlin, est la constante de Planck, mise en évidence dans la formule $E = h\nu$ (où E est l'énergie de rayonnement, h la fameuse constante de Planck, et ν la fréquence de l'onde).

Avec cette découverte, le rayonnement, *de même que* la matière, a une structure atomique. *De même que ???* En fait, on n'a pas encore réalisé, peut-être (?), qu'il n'existe qu'un seul *Atome*, le quanta (physiquement, on l'a souvent représenté par un photon, même si on a proposé le quanton). La Réalité devenait alors une affaire de paquets d'ondes ? Même pas, car ces ondes, en 25 ans, devinrent des probabilités. Selon ce nouveau langage, on peut dire, par exemple, qu'une certitude est une probabilité dont la valeur vaut 1.

En tous cas, c'est l'explication du phénomène photo-électrique par Einstein en 1905 qui devait représenter l'étape suivante, en utilisant la constante de Planck pour déterminer l'énergie cinétique des électrons (découverts par Thomson en 1897) arrachés à une surface métallique par un "jet" de lumière.

De Broglie découvrira ensuite en 1925 la nature ondulatoire de l'électron, confirmée 2 ans plus tard. L'atome allait dorénavant être conçu comme un noyau entouré d'un nuage électronique, ce noyau étant lui même un assemblage de particules aussi étranges que l'électron.

Nuage… où est le centre d'un nuage, quelle est la trajectoire d'un nuage ? Des paramètres se dérobent, des étrangetés s'affirment (comme la non-commutabilité des matrices d'Heisenberg), des communications distantes se révèlent sans rien pour communiquer. Prenons l'exemple célèbre de la réduction du paquet d'onde ; un atome à Une année lumière de la terre émetta un photon, lequel se propagera en onde sphérique à partir d'un centre, l'atome. La surface de cette sphère, lorsqu'elle atteindra la terre au bout d'un an, sera d'environ un milliard de milliard de milliards de Km^2(4). Si sur la terre un observateur a installé une cellule photo-électrique qui détecte ce photon, alors au moment de cette observation, l'onde disparaît dans l'instant (et sans transport d'énergie), et personne d'autre ne peut plus l'observer.

Pour des raisons de longueur, cet article ne peut évoquer de nombreux faits tout aussi étranges et passionnants, et il suffira de dire que des phénomènes corrélés, ou de dispersion, au niveau quantique défient les conceptions et interprétations habituelles à notre niveau de "grandeur", comme tout le monde le sait.

Dans ce contexte, il conviendrait donc (voir plus haut, à propos des échelles de cosmos) de se reposer la question de savoir où sont les frontières entre ce cosmos ou univers des probabilités des "ondes-particules", et notre cosmos à nous. Ce terme de cosmos, pour désigner un étage de la Réalité, n'est pas neuf, bien entendu, et est même connoté. Ceux qui auront quelques lueurs à ce propos comprendront tout de suite ici bien des prolongements, ceux qui découvriront la problématique n'auront besoin que de comprendre ceci : il existe des cosmos emboîtés les uns dans les autres, chacun produisant des sens limités vers une partie du cosmos supérieur (5).

D'autres considérations peuvent être évoquées, comme l'a-causalité et les problèmes du "moment" de la prise de conscience d'une observation. Ces faits, qui, rappelons-le, se manifestent au niveau de particules, ont amené parfois beaucoup de perturbations, alors que les chercheurs en paranormal savent eux très bien qu'à notre échelle, il existe des événements a-causals, et même para-chronistiques. Il ne s'agit donc pas de révolution, mais de complément.

Je parlais de lavage de cerveau, tout au début de cet article, mais l'étrangeté a rejoint même ceux qui se voudraient honnêtes au milieu de toute agitation : par exemple, pendant environ un siècle, on a considéré que l'électricité était véhiculée par l'électron : dans un fil de cuivre, soit les électrons sautaient d'un atome à l'autre dans le sens du courant, soit il s'agitaient et communi-

L'atome continue de jours de s'expliquer, car ses modèles successifs et l'exposé de ses constituants ont rendu floue son image.... Publicité gratuite.

quaient leur agitation aux électrons d'un autre atome de cuivre, ceci dans le sens du courant (ceci en dépit du fait que les atomes, comme on le sait, sont séparés les uns des autres par des distances, à leur échelle, assez importantes). Ce modèle mécanique ne peut plus tenir si l'électron devient lui même (par définition, et entre autres paramètres) de l'électricité et uniquement de l'électricité : car comment dire que l'électricité est véhiculée par de l'électricité ?

Plus loin que le problème du sens se pose donc la question de la normalité. Après tout, ce qu'on demandait à la physique, depuis l'origine, c'est de sécuriser le réel, de façon à ce que le normal soit clairement délimité. Le normal n'est pas seulement le contraire du fou : il fédère, et renforce ; il borde, et définit ; il valide, et conforte.

Eros (l'amour), Poros (la limite) et Epikyros (la validation) ont très tôt été définis comme des attributs essentiel du protogonos, l'œuf premier né depuis le Plérôma (la plénitude ou même l'En Sof). Le travail des premiers philosophes pré-socratiques imprégnés de cette définition orphique était bien, en parlant de la Nature (la Physis), de traduire la réalité en normalité… L'infini ? Ce n'était que du continu et du contigu, des choses visibles dans les champs (cultivés). La Terre ? Qu'elle se poursuive indéfiniment par dessous, ou que le soleil (le même chaque jour, mais il y avait d'autres avis) puisse en faire le tour, l'explication était en prolongation de

---

Car comment dire que l'électricité est véhiculée par de l'électricité ?

---

sa stabilité (stabilité parfois ébranlée par Poseidon, l'ébranleur des sols). Les astres ? Qu'ils soient du feu ou des cristaux, une "explication" somme toute triviale les ramenait à portée de l'intelligible. Les discours de démonstration de ces études de la physique première ont parfois été perdus (leurs commentaires pouvant subsister), mais ils s'appuyaient sur la découverte, la détermination et la fixation d'un principe premier,

capable ensuite de tout engendrer (tout comme l'air arrivait à créer du cristal de roche, ou comme l'étincelle arrivait à sortir de deux pyrites entrechoquées) de manière logique, même si la logique ne sera formalisée que par Aristote.

A l'inverse totale du lavage de cerveau, les propositions de ces maîtres de pensée construisirent l'image du réel tel que nous le concevons en Occident. Nous voici donc de retour face à une explication par l'historicité. La chronologie de la pensée sur le réel sera la plus parlante des explications pour parvenir à une meilleure saisie, une plus complète définition de celui-ci. Mon article bifurque ainsi vers une continuation qui suivra un fil chronologique.

I - Dans l'Antiquité.

Historiquement, les premiers à avoir pensé la Physique, ou même l'ensemble du réel, sont les maîtres des Écoles de sagesse orphique nommés Pré-socratiques, situés d'abord en Ionie (partie orientale de l'Asie mineure), puis dans les colonies grecques de la Méditerranée centrale (et donc le sud de ltalie). C'est tout à fait de ça qu'il s'agit, puisque les fragments écrits qui nous sont parvenus de leurs enseignements (il s'agissait d'Ecoles supérieures) appartiennent à peu près tous à des traités portant le titre "De la Nature". Il y discutent de choses comme l'Infini, l'étendue (l'espace), des qualités conceptuelles des nombres, en somme de ce qui formerait la base indiscutable de la dureté et de la stabilité des choses. Démocrite formula le premier le concept d'atome, qu'il voulait, comme son nom l'indique, insécable, car il était adversaire de la séparabilité à l'infini (ici l'infiniment petit).

Un premier grand pas sera alors effectué par Aristote, séparant la Nature en deux : la Physique (grosso modo les sciences naturelles) et la Méta-physique (les spéculations), domaines rendant compte de l'observable par les sens, et de l'observable par la pensée. Il faut bien concevoir que même l'Atomisme de Démocrite ou d'Epicure sont, à cette époque, et bien que servant de base aux réflexions des Athées (« tout est matière ») des spéculations intellectuelles. Comme il n'est pas question encore d'observer l'atome, les idées portent sur une question du style : « Ce plus petit inséparable en parties, pourtant, quand on le saisira, pourra être coupé en deux, donnant une partie droite et une partie gauche » (puisque l'étymologie de Atome est *a-tomein*, "qui ne peut être coupé").

Les Grecs ayant hérité des Babylo-assyriens des découvertes sumériennes concernant Air-Eau-Terre-Feu, il faudra prendre garde à ne pas se méprendre sur le fait que ces premières pensées cherchent à trouver dans ces éléments la source de toute matière et de toute réalité. Pour ces penseurs, avec les éléments, il s'agit bien de trouver des référents supérieurs portant sens.

L'étape suivante est l'apparition des trois modes de la Philosophie patristique. En gros, dirais-je, l'Homme peut Tout connaître (a), ou ne Rien connaître (b), ou connaître un peu ou beaucoup (c). Il en infère et défère que :

a) Si on peut tout connaître, y compris le sens (et parfois la Réalité) des choses invisibles qui nous sont cachées (comme disait Kant en ne sachant donc pas de quoi il parlait), il reste à choisir entre ce qui a du sens et ce qui est incompréhensible voire néfaste. C'est la position des Stoïciens.

b) Si on ne peut rien vraiment connaître, c'est à dire que la Réalité est illusion, alors il faut s'épargner le plus possible la douleur et le non-sens. C'est la position de l'Ecole des Sceptiques et Cyniques, et aussi, bien sûr, des Bouddhistes (on les aura reconnus).

c) Si peu importe au fond ce qu'est la Réalité, alors il est permis de tout faire pourvu qu'on ne nuise pas à autrui, ou socialement ; c'est la position dite des Epicuriens.

On sait que par la suite de l'émergence du Monothéisme, épaulé par un clergé friand de récupérations philosophiques (ce qui se perpétuera jusqu'à Saint Thomas… d'Aquin), la philosophie stoïcienne triomphera dans l'Antiquité tardive… Ce qui nous amène à la période médiévale.

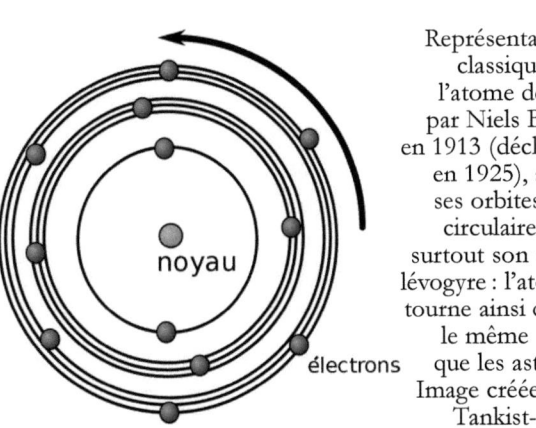

Représentation classique de l'atome décrit par Niels Bohr en 1913 (déclassé en 1925), avec ses orbites (ici circulaires) et surtout son sens lévogyre : l'atome tourne ainsi dans le même sens que les astres ! Image créée par Tankist-777.

II - Les temps médiévaux.

Dans ces temps, la Réalité, c'est encore la Création. On en retrouvera des échos jusque chez Kierkegaard (1813-1855), après le succès explosif d'un autre philosophe de la Baltique, Emmanuel Kant (1724-1804), devenu célèbre après l'engouement pour la *Philosophie prussienne* de Frédéric der Große et ses turpitudes canailles.

A la fin de l'Antiquité, la déculturation européenne (la plus à même de penser la Réalité sous de nouveaux jours, pour ce qui nous en intéresse) culmina avec l'arrêt de l'Enseignement supérieur pour les élites locales (Voir Irénée-Marrou à ce sujet). Ou plutôt, il n'était pas de bon ton de montrer qu'on pouvait penser, puisque LE penseur, c'était l'Evêque du coin. La réouverture des Enseignements supérieurs et donc des débats philosophiques autres que théologiques se fit avec la création des Universités, au départ des syndicats d'étudiants de familles riches : Ceux-ci se cotisant pour s'attirer des maîtres réputés (les Arts libéraux, trivium et quadrivium, n'envisageant pas encore la Physique comme un domaine d'étude en soi. Le retour des textes grecs

---

...un tâtonnement validé par étapes...

---

antiques conservés par Constantinople (et parfois traduits par des esclaves grecs pour Bagdad, qui nous en fit le retour) s'opéra donc vers le XIVe siècle, agrémenté de curiosités comme des études sur la Licorne, ou des explications prolixes sur les hiéroglyphes égyptiens (Ah ! le monde savant doit bien s'alimenter, disait Rabelais).

III - L'époque moderne et contemporaine.

Les grandes découvertes s'étant présentées de manière empirique, l'idée d'une méthode de recherche scientifique émergea lentement. Le discours de la méthode de Descartes (1596-1650, contemporain de Francis Bacon 1561 - 1626, théoricien de l'expérience) est en soi l'exposé de la recherche de panne, rien de plus, encore qu'à l'époque il ait pu sembler fulgurant, puisque les Grecs eux-mêmes n'avaient envisagé les erreurs que comme des dys-harmonies (incohérences).

Contemporains, Galilée, Descartes et Bacon marquent curieusement des bornes conceptuelles : Galilée est un homme qui fait des expériences avant de théoriser, Bacon théorise sur l'expérience, Descartes théorise sur la théorie.

Assez mal connu, popularisé pour sa "fausse défense de Copernic" (dans son *procès*, tout semble démontrer un montage complaisant pour redonner de l'autorité à ses grands amis ecclésiastiques), Galilée (1564 - 1642) est Le véritable génie du XVIIe siècle, inventeur du *cannoc-chiale di Galileo*, – futur télescope, qui donnera le microscope ; un télescope à l'envers – en fait une invention hollandaise dont il solutionnera un problème de dioptrique, prétendant ensuite que l'invention est là, et à lui (6) – ou d'appareils pour mesurer la gravité, la densité (balance de Galilée), la température (premiers thermoscopes). Il s'occupa aussi d'hydraulique, ou de trajectoire des projectiles. Galilée fera d'ailleurs fortune avec ses appareils de visée pour l'artillerie...

Les temps en sont encore à l'alchimie, et ne sortiront de confusions envers des amalgames parfois monumentaux qu'avec Newton (1643-1727), alchimiste lui-même. On sait d'ailleurs que le vocabulaire de Lavoisier était, au départ, tissé de concepts alchimiques, jusqu'à ce qu'il discerne rôles et agents... Marcelin Berthelot, (1827 - 1907), fut le dernier recenseur de l'alchimie, en dressant un catalogue assez explicatif et exhaustif. Quant aux découvertes de Newton, elles sont toujours valables, concernant notre cosmos de référence et notre vision de la Réalité.

La génération suivante apprécia de se prétendre hypothético-déductive, se basant sur la méthode dite de Claude Bernard (1813 - 1878). On sait que cette méthode, dite *Observation, Hypothèse, Expérience, Résultat, Interprétation, Conclusion*, fait la part belle à la démarche et très peu à ce qui la motive, l'Idée née par l'Observation, menant à la Question (c'est la *cause d'origine*, de type aristotélicienne), ni à ce qui la soutient, l'Expérience. En effet, celle-ci est citée comme si tout le monde savait ce que c'est, alors qu'elle suppose un protocole, une mise en scène de l'Hypothèse et de son devenir. En fait de démarche, il s'agit d'un tâtonnement validé par étapes, et la réflexion, tout comme le sens, sont absents de la méthode, sauf à y revenir dans les étapes tardives de l'Interprétation et de la Conclusion.

Ce fil chronologique nous ayant amené au XIXe siècle, on pourrait dire que la seule nouveauté renversante fut ensuite l'atomisme, qu'il fut possible d'étudier à partir des rayons X, découverts fortuitement en 1895 par le jeune Roentgen (aujourd'hui Röntgen), curieux de fluores-

Allégorie de l'Alchimie. Son époux le symbolisme est ici absent   Gravure du XVIe siècle.

cences. Les découvertes successives dans ce domaine furent orchestrées par la presse occidentale comme une sorte d'ode triomphale au *Progrès*, confortant l'idée que la science était la maîtresse totale du monde, et que les scientistes (ceux des domaines dits de la science dure, en opposition aux savoirs mous) étaient son clergé spécifique.

De nos jours, en dehors du domaine quantique, il ne reste que quelques problèmes en astrophysique sur la forme et le scénario de l'Univers (big bounces ou big bangs, etc.). Il faudra se référer à l'univers dodécahédrique de Jean-Pierre Luminet, ou aux "cerveaux de Boltzmann", par deux exempless de théories émergées avec succès dans cette dernière vingtaine d'années, pour se référer à des débats vraiment contemporains.

En dehors de cette légère chasse aux théories en vogue, on pourra se référer au toujours excellent ouvrage de Richard Feynman, *La nature de la physique* (7), paru il y a 40 ans, toujours en pointe, et qui prenait déjà en compte des questions comme la flèche du temps (chère à Stephen Hawking), la recherche de lois nouvelles ou l'interrogation "qu'est ce que la science ?"

...fournir bien davantage d'utiles conseils...

En conclusion, le discours des Physiciens sur la Réalité, bien que théoriquement clos au XIXe siècle, continue d'ambitionner des développements et des rebondissements. Pour ce faire, ce discours invente et soutient des théories hypothétiques, comme les supercordes, ou postulera la "Grande unification des forces ou interactions fondamentales"… Hélas, la désintégration du boson de Higgs, observée cette année, n'a que très peu, semble t-il, passionné le Grand Public, qui préférerait sans doute des avancées spectaculaires dans la recherche sur le cancer. Hélas, la science, comme la plus belle fille du monde, ne peut offrir que ce qu'elle a.

Est-ce vraiment une conclusion ? Non… il vaudrait mieux dire que grâce aux découvertes de l'atome, les sciences dures ont acquis une auréole couronnant un clergé scientifique qui promet au monde le paradis du *Progrès*. Hélas, la planète brûle (on en entend les cris) et les scientifiques ressemblent de plus en plus à des scientifucks. Les sciences dites molles sont cependant le lieu où l'on rencontre des sociologues, des démographes, des polémologues qui pourraient, étant consultés, fournir bien davantage d'utiles conseils… Bien plus utiles que les gadgets proposés par les ingénieurs d'application à partir des nano-découvertes (en ce moment, le nano est un des fronts les plus productifs). Hélas, le pouvoir médiatique est encombré de paroles autorisées, et le règne de la ponte d'un article par jour (une fonction quasi digestive) transforme ces paroles en des cris. La physique nous a peut-être dit ce qu'était le monde, mais nous avons été incapables d'en gérer les bornes.

Eric Hermblast

(1) A. Einstein et L. Infeld, *The Evolution of Physics*, Simon & Schuster, New York, 1938, page 310 – Edition française : *L'évolution des idées en physique*, Flammarion, Paris, 1948 (Coll. poche "Champs" en 1984).
2) Sven Ortoli, Jean-Pierre Pharabod, *Le cantique des quantiques*, La découverte, Paris, 1998.
3) Franco Selleri, *Le grand débat de la théorie quantique*, Flammarion, Paris, 1986.
(4) Pour voir un milliard, il existe par exemple environ un milliard de millimètres entre Dunkerque et Perpignan.
(5) Au sujet des cosmos emboîtés, se référer à Ouspenky, *Fragments d'un enseignement inconnu*, Seuil, Paris, 1949.
(6) Raffaele Caverni dans l'article *Histoire de la méthode expérimentale* dans *Galilée l'expérience sensible*, Vilo, Paris, 1990, traduit de l'italien aux éditions Amilcare Pizzi, 1988.
(7) Richard Feynman *La nature de la physique*, Seuil, Paris, 1980.

EXISTE-T-IL DES RÉALITÉS MULTIPLES ?

Un tour d'horizon sur une problématique vieille comme le Monde

Jean-François Henry - Cinéaste, Vidéaste, Scénariste

L'il y a et l'il n'y a pas

Les Taoïstes décomposent la Réalité entre ce qu'il y a et ce qu'il n'y a pas. En résumant grossièrement, on peut définir l'il y a par ce que nos sens perçoivent et l'il n'y a pas par tout ce qui se situe au-delà de notre capacité cérébrale. Loin de s'opposer, l'il y a et l'il n'y a pas constituent une sorte de continuum qui englobe le Ciel et la Terre. Car la pensée chinoise conçoit les contraires comme complémentaires et non comme exclusifs.

Si la tradition chinoise croit à l'existence de Réalités multiples, elle les circonscrit dans l'il y a. L'il n'y a pas étant « Constant indicible en même temps qu'il englobe toute la réalité dicible » (Anne Cheng). C'est le Dao « aux dix mille mondes et aux dix mille êtres » (sachant que 10 000 pour les Chinois correspond à l'infini). En clair, l'il n'y a pas se situe dans la métaphysique, dans le monde platonicien des idées, l'il y a dans la physique dont dépendent toutes les formes de réalités, y compris les réalités post-mortem.

La Chine a toujours cru à la Réalité d'un enfer souterrain gouverné par 10 rois, peuplé de milliers de créatures épouvantables, régi par une bureaucratie implacable et, dans lequel les tourments des damnés n'ont rien à envier à ceux dépeints par Dante dans sa *Divine Comédie.* Quant au paradis, c'est le palais de la Reine-Mère d'Occident, entièrement de jade et bâti au sommet d'une montagne baignant dans une intense lumière surnaturelle, principale caractéristique des mondes paradisiaques selon Aldous Huxley.

« Cette lumière surnaturellement significative émane d'un paysage d'une beauté tellement incomparable, que les mots sont impuissants à l'exprimer. C'est ainsi que dans la tradition gréco-romaine, on trouve le délicieux jardin des Hespérides, les plaines Élyséenne… Des îles d'une beauté magique apparaissent dans le folklore des Celtes et, du côté opposé, dans celui des Japonais. Et entre l'Avalon de l'extrême Occident et le Horaisan de l'extrême Orient, l'Autre monde des Hindous. Ce pays, lit-on dans le Ramayana, est arrosé par des lacs de lotus d'or. Il y a des rivières par milliers, pleines de feuilles de la couleur du saphir et du lapis-lazuli ; et les lacs resplendissants comme le soleil du matin sont ornés de massifs de lotus rouge. »

Nous avons cette même description paradisiaque dans les visions d'Ézéchiel ou d'Isaïe.

Un livre entier ne suffirait pas à décrire tous les mondes post-mortem auxquels les humains, quelques soient leur culture, ont toujours cru dur comme fer : limbes, shéol, géhenne, monde des esprits chamaniques, enfers aux 9 cercles, Jérusalem Céleste, empyrée, paradis aux 7 ciels visités par Enoch, jardin d'Eden et, plus tardivement, purgatoire… Tous existent dans l'il y a.

La spiritualité hindoue est la toute première à considérer que ces mondes post-mortem n'ont aucun intérêt. L'il n'y a pas est la seule Réalité qui compte, car l'il y a est Mâyâ (illusion) et la Mâyâ inclut tous les mondes existants, autant le monde limité des Hommes que ceux illimités des dieux.

L'il y a est le lieu de la multiplicité et seul l'il n'y a pas permet à cette multiplicité de se dissiper pour faire place à l'unité absolu où l'âme n'est plus conditionnée par le temps, l'espace, la causalité, et les transmigrations du Samsâra. L'âme est dans un vide, dans une absolue plénitude, « elle contemple toute chose comme étant elle-même, et ainsi par l'œil de la connaissance perçoit que toute chose est elle-même. L'âme est pleine de béatitude immuable, sans forme, sans dualité, principe de toute existence. » (Jean Herbert). Bref, la spiritualité hindoue reconnaît l'existence de Réalités multiples mais ne s'y intéresse pas, préférant privilégier une fusion dans une sorte de non-réalité qui est pour elle la seule réalité valable.

La science… va jusqu'à nier ce qu'elle ignore, parce que c'est là le seul moyen de ne pas avouer cette ignorance…

Nous retrouvons cette même approche métaphysique dans la pensée soufie, pour qui :

« Dieu a fait apparaître le non-existant comme existant et magnifique et l'existant sous la forme de non-existence. Il est inévitable que nous fussions égarés par l'erreur, puisque la Réalité était cachée et l'illusion visible. » (Rûmi)

Et bien sûr, chez les Bouddhistes pour qui, « à l'encontre de certaines traditions selon lesquelles l'homme se réveillant après la mort contemplerait enfin une réalité nouménale, le Bardo Thödol enseigne, avec une admirable suite dans les idées, la continuité de l'illusion cosmique dans l'au-delà ; celle-ci serait aggravée, doublée d'un état de rêve, d'une hallucination universelle à laquelle aucune conscience ne saurait se soustraire. » (Grégoire Kolpaktchy)

Si pour le croyant, l'existence d'autres Réalités est admise dans l'il y a, pour le matérial-

Jean-François Henry est aussi un dessinateur de talent, et il nous fait ici le bonheur de nous confier un de ses travaux.
Dessin Jean-François Henry.

iste en revanche, les autres mondes n'existent tout simplement pas. Ils font partie d'un il n'y a pas, fort différent de celui des Orientaux, car viscéralement récusé en tant qu'« existant ». Selon Fritjof Capra, cette approche matérialiste est due aux atomistes grecs, en particulier Leucippe et Démocrite qui décrivent l'il y a « comme un composé de briques fondamentales, particules purement passives et intrinsèquement mortes se mouvant dans le vide. »

René Guénon enfonce le clou :

« La science, telle que la conçoivent nos contemporains, est uniquement l'étude des phénomènes du monde sensible. Ignorant résolument tout ce qui la dépasse, elle va jusqu'à nier ce qu'elle ignore, parce que c'est là le seul moyen de ne pas avouer cette ignorance…

Donc, absence complète de la connaissance métaphysique, négation de toute connaissance autre que scientifique, limitation arbitraire de la connaissance scientifique elle-même à certains domaines particuliers à l'exclusion des autres, ce sont là des caractères généraux de la pensée proprement moderne. »

Le Calabi-Yau

Il faut attendre les années cinquante, la théorie des mondes parallèles d'Andreï Linde et celle des mondes multiples d'Hugh Everett, et surtout les années 80 avec les travaux des mathématiciens Eugenio Calabi de l'université de Pennsylvanie, et Shing-Tung Yau de Harvard, pour que les mentalités scientifiques évoluent.

Ces folles spéculations … en Occident, appartenaient …aux domaines de la poésie et de la science-fiction

En tentant de modéliser une figure six-dimensionnelle, Calabi et Yau découvrent à leur grande surprise qu'à partir de la sixième dimension, la figure s'entortille sur elle-même et les dimensions ne se développent plus, dès lors, à « l'extérieur » de l'objet, mais à « l'intérieur ». Brian Greene en explique le principe :

« En chaque point des trois dimensions étendues habituelles, la théorie des cordes déclare que se trouvent six dimensions jusqu'ici inattendues, minutieusement entortillées dans une forme à l'allure compliquée. Ces dimensions sont une partie intégrante et omniprésente de la structure spatiale ; elles existent partout. Si vous balayez un grand arc de la main, vous ne le déplacez pas dans les trois dimensions habituelles, mais aussi dans toutes les dimensions enroulées. »

Le simple balayage d'une main parcourt donc d'innombrables dimensions enroulées dans lesquelles peuvent se développer des créatures et des systèmes organisés dont nous n'avons pas la moindre idée, mais que certains poètes et écrivains visionnaires avaient déjà appréhendé.

« Sache que le monde tout entier est un miroir,
dans chaque atome se trouvent cent soleils flamboyants.
Si tu fends le cœur d'une seule goutte d'eau,
il en émerge cent purs océans.
Si tu examines chaque grain de poussière,
mille Adam peuvent y être découverts.
Un univers est caché dans un grain de millet ;
tout est rassemblé dans le point du présent…
de chaque point de ces cercles,
sont tirés des milliers de formes. »
(Mahmûd Shabestarî, XIVe siècle)

« L'Esprit infini faisait maintenant descendre sur lui un flot de connaissances et de visions nouvelles qui le préparaient à une telle compréhension du cosmos. Les vagues accrurent leur puissance et cherchèrent à perfectionner son entendement, lui découvrant sous un jour raisonnable l'entité multiforme dont son actuel fragment n'était qu'une infime partie. Elles lui apprirent que chaque figure dans l'espace n'est que le résultat de l'intersection par un plan, de quelque figure correspondante et de plus grande dimension, tout comme un carré est la section d'un cube et un cercle la section d'une sphère. De la même façon le cube et la sphère, figures à trois dimensions, sont la section de formes correspondantes à quatre dimensions que les hommes ne connaissent qu'à travers leurs conjonctures ou leurs rêves. À leur tour, ces figures à quatre dimensions sont la section de formes à cinq dimensions et ainsi de suite, en remontant jusqu'aux hauteurs inaccessibles et vertigineuses à l'infinité archétypique. Le monde des Hommes et des dieux des Hommes n'est que la phase infinitésimale d'un phénomène infinitésimal… Ce que nous appelons substance et réalité est ombre et illusion et ce que nous appelons ombre et illusion est substance et réalité. »

(H.P Lovecraft : *Démons et merveilles*)

Ces folles spéculations qui, en Occident, appartenaient exclusivement aux domaines de la poésie et de la science-fiction sont de nos jours prises en considération par les scientifiques qui explorent les mondes subatomiques. Ils nous affirment sans sourciller que d'innombrables mondes, tout aussi réels que le nôtre, existent. Et

A une époque, le Fantastique fut un genre permettant de prononcer des choses impossibles à articuler tout haut…

plus incroyable encore, qu'un nombre infini de copies de nous-mêmes existent pareillement.

Le cantique des quantiques

En physique quantique, les objets ne sont pas des formes définies, ils peuvent être au même moment ondes ou particules et se trouver à différents endroits en même temps. L'idée bien installée dans nos consciences qu'une chose est ici et pas ailleurs est remise en question. Et, partant du fait que nous sommes constitués de particules, si celles-ci peuvent se trouver à plusieurs endroits en même temps, nous aussi. Les objets et les êtres deviennent des possibilités.

Nous avons donc des :

« possibles particules élémentaires, créant de possibles atomes, formant de possibles molécules, constituant de possibles neurones, qui fabriquent un possible cerveau nous donnant une conscience chargée de choisir entre tous ces possibles ceux qui doivent se manifester ». (Amit Goswany)

La question qui se pose dès lors est : si de multiples Réalités existent, comment se fait-il que nous ne puissions voir qu'un seul monde et que nous ne fassions jamais l'expérience des autres ?

Le docteur en physique quantique Amit Goswani a démontré, expériences à l'appui, l'existence d'un champ de conscience infini auquel nous sommes tous reliés. C'est, selon lui, cette conscience cosmique interconnectée qui crée notre Réalité en choisissant, parmi les infinies possibilités des infinis univers qui la composent, celles qui se manifesteront.

L'imagination est la reine du vrai... (Baudelaire)

Sur terre, cette conscience cosmique tient compte du niveau de conscience collective de l'humanité pour manifester ses choix. L'humanité étant encore, dans sa très grande majorité sous l'emprise de la matérialité, nous sommes prisonniers de ce que Goswani appelle « le monde du feu rouge » : quand le feu est rouge pour soi, il est vert pour les autres et inversement.

Dans notre réalité, le feu ne peut être vert pour tout le monde, dans le monde supra-mental ou subatomique, c'est tout-à-fait possible !

Notre Réalité serait ainsi constituée par nos choix. Chaque fois que nous prenons une décision, une Réalité différente se crée. Mais les réalités que nous n'avons pas choisies continuent malgré tout d'exister dans un nombre infini d'univers. Selon le cosmologiste Alan Guth, ces univers se situent, soit au-delà des confins observables, soit dans les dimensions entortillées des « Calabi-Yau ». Et il postule même que notre Big Bang n'est pas un phénomène unique. Des Big Bangs infinis se succèdent sans discontinuer, créant en permanence de nouveaux espaces-temps... Et c'est dans ces ailleurs infinis, difficilement compréhensibles par notre intelligence limitée, qu'existent des versions infinies de notre vie, des possibilités infinies que nous n'avons pas saisies, des expériences infinies que nous n'avons pas vécues.

Ce paradigme est attesté dans les Veda, il y a plus de 5000 ans !

« Rien d'autre n'est plus grand que Cela, ni plus intime ;
Plus haut que le haut, plus grand que le grand,
Ce Mystère Unique, non manifesté, qui a pour forme l'illimité. »

Illustration, dans le domaine public, du Nancéen Jean-Jacques Grandville, né Jean Ignace Isidore Gérard, parue dans *Un Autre Monde* (H. Fournier, Paris, 1844).

L'infini et au-delà

Max Tegmark, chercheur au *Massachussetts Institute of Technology*, inclut dans ces « multivers », des mondes physiques et des mondes métaphysiques, dont :

• Les mondes uchroniques. Il existe quelque part une Amérique sous domination nazie, comme dans le fameux roman de K. Dick : Le Maître du Haut-Château.

• Les champs morphiques du biologiste Ruppert Sheldrake.

« Quand un système organisé particulier cesse d'exister, son champ organisateur disparaît du lieu spécifique où existait le système. Mais les champs morphiques ne disparaissent pas, ce sont des schèmes (des logiciels sans supports) d'influence susceptibles de se manifester à nouveau en d'autres temps, en d'autres lieux, partout où, et à chaque fois que, les conditions physiques seront appropriées. »

Une image des enfers chinois. Comme d'autres enfers, ils peuvent présenter des secteurs, soit selon les vécus des défunts, ou par des raisons dont nous n'avons pas les clés.

• Le monde des « idées vivantes » qui contaminent les communautés humaines à la manière dont les virus contaminent un organisme. Théorie popularisée par Howard Bloom.

• Le monde des rêves, exploré par les chamanes, et plus récemment par Carlos Castenada et C.G. Jung. Castaneda, sous la vigilance du sorcier yaqui don Juan, pénètre grâce à la technique du rêve éveillé dans des réalités différentes, aussi réelles que la nôtre, constituant un « passage à l'infinité ». Pour accéder à ces « au-dehors du monde », trois étapes obligées : savoir produire un rêve éveillé ; être capable d'en changer la trame ; maîtriser le voyage dans l'astral. Jung préfère appeler cette technique : l'imagination active.

• Les mondes imaginaires des poètes, des écrivains et des artistes.

« L'imagination est la reine du vrai, et le possible est une des provinces du vrai. Elle est positivement apparentée avec l'infini. »

(Charles Baudelaire)

• Le monde des défunts cher à Kardec et aux occultistes de la fin du XIXe. Marcelle de Jouvenel, dans *Au Diapason du Ciel*, relate les communications obtenues par écriture automatique avec son fils Roland, décédé. Voici ce que dit Roland à sa mère :

« Les conversations médiumniques sont des contacts avec des esprits encore voisins de la Terre. Ces incursions d'un plan dans un autre deviendront aussi familières que l'aviation est devenue courante. Pourtant, ce n'est pas parce que les Hommes se sont construits des ailes qu'ils sont devenus des anges, ni parce qu'ils atteignent de hautes altitudes qu'ils se rapprochent de Dieu. Vous arriverez à communiquer avec l'invisible, mais cet invisible est aussi loin de la Divinité que vous l'êtes vous-même d'une étoile. Un jour viendra où scientifiquement ce monde sera en relation avec votre monde. Un jour viendra où vous capterez les vibrations de ce plan, comme vous avez capté l'électricité, et elles vous seront perceptibles. »

• Le monde des esprits que les animistes perçoivent dans chaque objet, qui ne possèdent pas une forme définie une fois pour toutes mais peuvent apparaitre sous une apparence dans certaines circonstances et sous une autre dans d'autres.

« Ce sont des entités autonomes possédant leur propre programmation. À l'état de veille ordinaire, on ne peut généralement pas les contacter, alors qu'en état altéré de conscience, on peut les voir distinctement. Le rêve constitue l'état altéré de conscience où ils apparaissent le plus couramment. Les esprits font incontestablement partie de la « Réalité vécue » et, sans tenir compte de ce que peut bien être leur « réalité ultime », ils représentent à travers toutes les cultures les forces de transformation susceptibles de favoriser le développement ou d'infliger la maladie et même la mort. ». (Richard Noll)

• Celui des démons, considérés comme résidus d'un passé archaïque, mais qui constituent selon Jung et Drewermannn une réalité tangible :
« Tous les éléments rejetés de l'inconscient et projetés à l'extérieur composent nos démons. Les démons n'ont pas disparu. Ils ont juste changé de nom. Ils se nomment aujourd'hui habitude, inquiétude, appréhension, complications psychologiques, besoin d'alcool, de pilules… En un mot : névroses ! ».

• Sans oublier les fantômes… Parmi les nombreuses hypothèses concernant leur existence, retenons celle des ondes rémanentes. « Il y a certaines ondes que nous percevons avec nos sens. Qu'il y en a d'autres qui ont certainement toujours existé mais que nous ne connaissons que depuis peu de temps, car elles sont hors d'atteinte de nos sens. La pièce où vous êtes en train de lire est traversée sans cesse d'ondes qui transportent des sons et des images qu'heureusement vous n'entendez ni ne voyez. Il vous faut un appareil radio ou un téléviseur pour pouvoir les percevoir.

…cette conscience cosmique… crée notre Réalité…

L'hypothèse est qu'il y aurait encore d'autres ondes, probablement différentes des ondes électromagnétiques, pour lesquelles nous n'avons pas encore construit d'appareils adéquats. Ces ondes d'un type encore inconnu pour la science, se situeraient à un niveau de Réalité où il n'y a plus d'espace ni de temps, probablement au niveau quantique et seraient utilisées par nos correspondants de l'au-delà. » Et celle dite des « coques ».

« Il y a tout un courant de pensée, très riche, où se mêlent un peu diverses eaux, spirites, théosophiques, occultes, mais aussi hindouistes, bouddhiques et même africaines.

Selon ce courant de pensée, l'être humain ne serait pas constitué de deux éléments seulement, le corps et l'âme, mais de toute une série d'éléments. On peut tout aussi bien parler de plusieurs corps emboîtés les uns dans les autres, ou se représenter l'être humain un peu à la façon d'un oignon. L'idée commune à tous ces schémas de représentation c'est qu'à notre mort il n'y a pas simplement séparation de l'âme et du corps, mais toute une série de détachements successifs. Alors les éléments que nous abandonnons peu à peu, comme des enveloppes, comme de vieux vêtements, des carapaces ou des *"coques"*, ne seraient pas anéantis aussitôt qu'abandonnés, mais garderaient encore pendant un certain temps un reste de l'énergie vitale que nous leur avons prêtée en les portant, ne s'éteignant que lentement, très lentement. »

(François Brune & Rémi Chauvin)

Bref, si aujourd'hui, le quidam occidental considère toutes ces Réalités comme des superstitions ou des délires imaginaires, la crème des physiciens quantiques envisage très sérieusement la possibilité de leur existence dans un conglomérat infini d'univers à bulles infinies.

Et Dieu dans tout ça ?

Des mystiques, en tout lieu et en tout temps, disent avoir eu accès à de multiples Réalités. Et ils en font des descriptions, qui, malgré les différences de cultures, possèdent de profondes similitudes, rejoignant en cela les toutes dernières théories quantiques. Mais contrairement aux scientifiques, les mystiques soutiennent que ces Réalités innombrables font partie d'un seul et même Être infini que l'on nomme Dieu, Amour, Énergie, Cosmos, Essence subtile, Principe unique ou Réalité ultime… Et que nous en faisons partie. C'est le fameux « Tu es Cela. ».

« Les abeilles préparent le miel en recueillant les sucs des plantes diverses qu'elles réduisent à un suc unique. Mais de même que ces divers sucs sont incapables, après avoir été réduits à l'unité, de se souvenir qu'ils appartenaient les uns à telle plante, les autres à telle autre, de même toutes les créatures ici-bas lorsqu'elles entrent dans l'Être, ignorent qu'elles y entrent : tigre ou lion, loup ou sanglier, ver ou papillon, mouche ou moustique, quelle que soit leur condition ici-bas, elles sont toutes identiques à cet Être qu'est l'essence subtile. L'univers tout entier s'identifie à cette essence, qui n'est autre que l'Ame ! Et toi aussi, tu es Cela ! »

(Chandogya-Upanisad)

Dans la *Bhagavad Gitâ*, lorsque Khrishna montre à Arjuna la Réalité de son corps divin, Arjuna est saisi d'effroi.

« Ah, mon Dieu, je vois tous les dieux dans ton corps ; chacun dans sa condition, la multitude des créatures ; je vois le Seigneur Brahma assis sur son lotus, je vois tous les sages et les serpents sacrés. Forme universelle, je te vois sans limite, infini d'yeux, de bras, de bouches et de ventres, je vois et ne trouve ni fin, ni milieu, ni commencement. »

Peut-on imaginer que Dieu, dans son omnipuissance, dans son illimitation et dans son infinitude, se serait restreint à ne créer qu'une seule réalité ?

Toujours est-il, qu'à mon modeste niveau, il est très difficile de traiter l'infini des Réalités en quelques milliers de signes. Si vous souhaitez approfondir le sujet, je ne peux que vous renvoyer à la lecture des ouvrages qui m'ont permis d'écrire cet article.

Jean François Henry

Humpty Dumpty, personnage apparaissant dans *De l'autre côté du miroir*, illustration par John Tenniel, 1871.
Il n'est pas interdit de penser que cet œuf représente la Globalité, la Totalité, le Un du *Tau Holon*, le Plérôme... Alice incarne la menace de passer dans un univers parallèle, une des réalités multiples. Si, au *Pays des Merveilles*, Alice est une Carte mineure (c'est un monde de jeu de carte, un *unus mundus* jungien), de l'autre côté du miroir, de pion elle devient Reine blanche dans un référentiel de jeu d'échec, où l'espace est manipulé par les règles du langage. La Reine rouge lui dira : « Ici il faut courir pour rester à la même place. Pour aller quelque part, il faudrait courir deux fois plus vite. » ...Le discours gère l'angoisse...

Anne CHENG, *Histoire de la pensée chinoise*, SEUIL
Fritjof CAPRA, *Le Tao de la physique*, SAND
Amit GOSWANY, *The self Aware Universe*, PAPERBACK
Brian GREENE, *L'univers élégant*, ROBERT LAFFONT
Jean HERBERT, *La spiritualité hindoue*, ALBIN MICHEL
Aldous HUXLEY, *La philosophie éternelle*, PLON
Grégory KOLPAKTCHY, *Le Livre des Sagesses*, BAYARD
Carlos CASTANEDA, *L'Art de rêver*, POCKET
René GUENON, *Orient et Occident*, G. TRÉDANIEL.
Carl Gustav JUNG, *Le Livre Rouge*, L'ICONOCLASTE
Eugen DREWERMANN, *Psychanalyse et Exégèse*, SEUIL
Eva de VITRAY-MEYEROVITCH, *Anthologie du soufisme*, ALBIN MICHEL
Ruppert SHELDRAKE, *La mémoire de l'univers*, EDITIONS DU ROCHER
Richard NOLL, *Anthologie du chamanisme*, ALBIN MICHEL
Philip K. DICK, *Le Maître du Haut-Château*, J'AI LU
Howard Philip LOVECRAFT, *Démons et Merveilles*, 10-18
François BRUNE & Rémy CHAUVIN, *En direct de l'Au-delà*, ROBERT LAFFONT.
Howard BLOOM, *Le principe de Lucifer*, LE JARDIN DES LIVRES
Marcelle de JOUVENELLE, *Au diapason du Ciel*, LANORE
La Bhagavad Gîtâ, FAYARD
Les grands classiques de l'Inde, BAHKTIVENDATA
Cyrille JAVARY, *Le Tao-Te-King*, GALLIMARD

LES CHOSES N'ONT QUE LA VALEUR QU'ON LEUR DONNE

Cet adage revêt un secret que je souhaite ici dévoiler.
Je vais parler ici de sens, et d'une perception de la Réalité
qui définit celle-ci, pour nous-même, et pour nous seul.

Yves Le Maître - Ingénieur Sécurité Incendie

Oui, je vais parler ici de sens, et d'une perception de la Réalité qui définit la réalité pour nous-même, et pour nous seul. Car la Réalité se révèle à nous de mille et une manières, et si ces dernières ont un sens à nos yeux, et nos autres modes de perception par ailleurs, il faut être réaliste, et comprendre que par nécessité et pratique nos sens sont organisés pour faire persévérer une qualité de perception limitée.

La perception de notre monde, notre univers personnel, est bien différente de la totalité du reste de l'humanité. Richard Bach l'a parfaitement dit, chacun vit seul dans son univers. Tout l'art de communiquer consiste à se faire entendre, du mieux que l'on peut, mais aussi faire entendre uniquement ce que l'on veut. Au-delà de ces deux objectifs, l'expression réelle de notre intimité est bien délicate à trouver. Exprimer le monde, tel qu'on croit le voir, c'est déjà croire que l'expression correspond à la perception. Les deux nous étant propre, il sera sage de reconsidérer cette certitude.

Le sens que nous donnons à la Réalité immédiate détermine l'usage des sensations dont nous disposons. C'est ainsi que nous faisons usage de nos sens, jour après jour, selon une orientation qui nous est propre. Les premières années de l'émerveillement passées, la répétition des jours et des faits faisant leur œuvre de lassitude, l'intensité consacrée par la conscience à la perception diminue, et de ce fait le « temps »

La synesthésie permet de voir les sons et d'entendre les couleurs. On peut la qualifier en quelque sorte de sens à part entière.

---

semble passer plus vite, et en s'accélérant avec les années. Inversement, lors d'un accident par exemple, le temps semble se dilater, les secondes passent très lentement, car l'attention n'est alors plus la même.

Les sens que l'on reconnaît communément chez l'homme sont, pour mémoire, la vue, l'ouïe, l'odorat, le goût et le toucher. Soit cinq sens qui restent disponibles tout au long de l'existence, lorsque tout se passe bien. Ils deviennent la référence de toutes les certitudes par l'usage permanent que l'on fait d'eux.

Cette conviction, qui forge la pensée éblouissante de l'enfant prépubère à qui l'on enseigne que les sens de l'Homme ne peuvent être qu'au nombre de cinq, est malheureusement battue en brèche par des faits simples, qu'il est facile de vérifier. Incidemment, la qualification des sens, et leur fixation dans un marbre trempé dans l'or pur, rend impossible l'appréciation de la relativité de nos perceptions. Il faut donc en expliquer les limites pour montrer que le juste relativisme n'est pas là où on le croit.

Commençons par la synesthésie. Cette perception est une synthèse des deux sens les plus importants pour un être dépourvu brutalement de corps biologique, qui serait mort par exemple. La synesthésie permet de voir les sons et d'entendre les couleurs. On peut la qualifier en quelque sorte de sens à part entière.

Ce mode de perception est semble-t-il courant chez les nouveaux-nés. En construisant sa compréhension du monde, le nouveau-né met rapidement au point les perceptions, d'autant que le type d'information véhiculé est souvent lié au mode de transmission. Un sourire se voit, mais s'entend plus difficilement, une voix s'entend, sans qu'il soit besoin de voir la personne qui parle, ou qui chante.

Mais, dans le cas de personnes adultes devenues brutalement aveugles, la synesthésie peut réapparaître au bout de quinze jours. C'est

Un ergographe, mis au point en 1890 par l'italien Angelo Mosso (1846-1910) pour mesurer la fatigue musculaire. (1) senseur de mouvement, (2) partie enregistreuse, (3) chariot, (4) composants pour l'enregistrement, (5) poids, (6) enregistrement d'un ergogramme.
Cet appareil a apporté des surprises non élucidées : par exemple, selon l'orientation du sujet testé par rapport aux points cardinaux, les résultats varient dans des marges importantes (les déménageurs savent d'*instinct* qu'il faut se "placer"). On ne sait pas tout sur la perception.
Image du *freedictionary* de *Farlex* reprise depuis *The Great Soviet Encyclopedia* (1979).

donc un mode de perception qui persiste, alors même qu'il n'est pas utilisé. Bien que la synesthésie utilise deux organes, elle traite les informations de manière différente de celle habituellement reconnue.

Parlons à présent du goût et de l'odorat. L'odorat est très subtil, il peut toucher profondément et générer des émotions au point qu'on peut l'associer facilement à des souvenirs enfouis jusque dans l'inconscient.

Faites donc une expérience, prenez un fruit frais, très odorant. Sentez-le, puis mettez-le dans la bouche. Ne le mangez pas, retirez-le de la bouche et sentez-le à nouveau. Surprise, le fruit ne sent plus rien. Cela ne fonctionne surtout qu'avec des aliments naturels, non cuits.

Pour découvrir un sens inconnu, mettez-vous au soleil pendant 15 à 20 minutes. Mettez-vous à l'abri dans une pièce très obscure, asseyez-vous. Fermez les yeux, et passez la main devant votre visage lentement, à trois centimètres de distance. Et voyez ce que vous ne pouvez pas voir, puisque sans lumière et les yeux fermés, il n'est pas possible de percevoir quoique ce soit.

Plus simple encore, prenez une feuille de couleur rouge vif, et une autre de couleur bleu ciel. Posez-les sur une table. En position assise, laissez votre main sur l'une des deux pendant quelques secondes, à un centimètre, sans la toucher. Puis, passez à l'autre feuille. Avec de l'entraînement et du temps, cet exercice ouvre des perceptions qu'il appartient à chacun de découvrir.

Avec la pratique de ces deux exercices, la démonstration de la perméabilité de ce qui est défini comme définitif et immuable est faite.

Ce préalable *réalisé*, il faut aussi constater la nécessité impérieuse de ne voir dans le caractère définitif des cinq sens que la perception de ce qui peut être partagé. Cette définition qui est en fait une limitation affirmée des sens permet d'encadrer l'univers, qu'il soit immédiat ou lointain en fustigeant tout ce qui ne rentrerait pas dans ce cadre, sauf à utiliser des extensions artificielles et si possibles coûteuses des cinq sens pour déterminer le réel.

L'extension de ce principe va présider à la notion de « scientifiquement vérifiable ». Ne rentre dans ce cadre que ce qui en principe est reproductible et mesurable. Ce qui fait que ce qui rentre dans le terme très religieux de « scientifique » est surtout reproductible de manière industrielle, avec tous les avantages que cela signifie. Il est toutefois dommage qu'un élément aussi basique que le temps ne rentre pas dans ce cadre, pas plus que l'action du CO^2 sur le réchauffement climatique.

Lorsque la vision se réalise, de "rêve", on passe à la notion de rêve prémonitoire qui s'est réalisé.

Pour palier aux quelques trous laissés par la pensée unique dans sa structure, la répétition d'une croyance est parfois appelée à la rescousse. L'intuition aurait sans doute pu répondre parfois de manière plus inspirée, mais elle a ses limites.

La simple et pourtant bien réelle intuition souffre par définition de crédibilité, puisqu'elle ne peut être exposée. Elle ne peut être qu'expliquée, tant bien que mal. On ira ainsi jusqu'à considérer que les goûts et les couleurs, ça ne se discute pas. Ce qui est perçu par d'autres moyens que les cinq sens sont parfois compris comme des hallucinations. Il faut donc préciser ici ce qu'on appelle une hallucination. Le fait d'halluciner consiste à percevoir ce qui n'existe pas ; typiquement un éléphant rose est très improbable, dans quelque Réalité que ce soit. L'intuition, si elle est juste, peut elle être considérée comme fondée sur une perception du réel ?

La perception extrasensorielle est un fait établi, pour tous ceux qui ne se contentent pas de

La Réalité

L'ex Planète Pluton, découverte en 1930, et déchue en 2006 de son rang de planète pour redevenir un simple objet transneptunien doté de quatre satellites. A la surface de Pluton, le climat se réchauffe aussi, et pourtant il n'y a pas de CO_2.
Image du domaine public issue de NASA / Johns Hopkins University Applied Physics Laboratory / Southwest Research Institute.

la voix prétendument officielle, et dont les bienfaits ne sont plus à dénoncer.

Si un rêve nocturne dans le plus profond des sommeils devient Réalité quelques temps plus tard, il est fondé sur une perception.

Dès lors qu'il est devenu Réalité, il n'est pas possible de qualifier un rêve prémonitoire d'hallucination. Ce type de rêve est répandu à divers degrés chez ceux qui rêvent encore dans leur sommeil, et qui précisément consiste à percevoir un événement qui ne s'est pas encore produit. Lorsque la vision se réalise, de "rêve", on passe à la notion de rêve prémonitoire qui s'est réalisé.

L'expérience, lorsqu'elle est vécue de manière rare ou unique, est comprise comme exceptionnelle, hors de tout cadre normal. Elle peut être racontée, mais dans des conditions appropriées. En aucun cas elle ne remet en cause le cadre habituel des perceptions dues aux cinq sens.

Quand les faits sont confirmés, et que ceux-ci étaient totalement inconnus du sujet faisant ces rêves, y compris les lieux, les techniques, les conséquences, les intervenants, que l'ensemble constitue un événement tout à fait inédit pour le sujet ou pour tout un chacun, il est alors difficile d'y trouver une explication rationnelle, c'est-à-dire réductrice, car dans ce cas de figure, on se trouve hors champs de perceptions.

En ce qui me concerne, l'essentiel des rêves que j'ai pu faire ont été des rêves prémonitoires, et ce depuis au moins l'âge de cinq ans. Ils ne se sont jamais démentis, et ce qu'ils révèlent dépasse souvent de loin ce que je peux comprendre ou envisager. A de nombreuses reprises, j'ai cru que cette aptitude avait disparu. En fait, le décalage de la vision par rapport à ce que j'avais connu par le passé était tel, que celle-ci était simplement incompréhensible.

Cela a parfois été tellement intense, qu'il m'est arrivé de vivre une journée quasi entière deux fois, d'abord en rêve la veille, puis dans la journée. Tous les détails n'étaient pas vus, mais suffisamment d'entre eux pour valider la prémonition.

La question qui finit par se poser est simple. Comment une information de ce type parvient-elle à ma conscience, par quel moyen ?

Ce n'est pas le genre de question qui trouve une réponse simple, qui peut venir rapidement. Cependant, qui cherche trouve, qui demande reçoit, à qui frappe, on ouvrira.

Chacun peut faire l'expérience étonnante de poser une question simple, mais importante pour soi-même, et ensuite prendre le temps d'être attentif, puis d'oublier la question. Lorsque la réponse se présente, la surprise et la joie sont là. Pour cette question, il a fallu des années pour comprendre la réponse. La réponse était déjà là, mais son improbabilité m'interdisait de l'entendre.

C'est d'abord par l'usage de plantes sacrées qu'une partie du voile s'est levée, non pour cette question précisément, mais sur la question de la perception en général, ce qui me permet d'écrire cet article aujourd'hui.

Certaines plantes augmentent votre perception. Cette expérience nécessite de la préparation, le respect de règles et du temps pour digérer les prises de conscience. La seule expérience comparable que je connaisse est l'adoration au Saint Sacrement, avec un fil d'attention beaucoup plus important dans le cas de l'adoration, mais l'ambiance est très comparable. Evidemment, il s'agit de plantes sacrées, prises dans un cadre tout aussi sacré. Les expériences exotiques n'enseignent rien et comportent des risques inutiles, pouvant entraîner des conséquences très dommageables. Il ne s'agit donc pas d'une expérience à encourager. La recherche de l'extension de la conscience doit se faire pas à pas, avec un sens critique aigu.

Lors de la prise de plantes, l'esprit accepte de percevoir beaucoup plus loin qu'il ne le fait normalement. En fait, en temps normal, l'esprit modélise l'environnement à partir de perceptions. Ces perceptions sont filtrées en fonction du degré de valeur donné à chacun d'entre elles. La neurologie et la psychologie présentent un schéma similaire pour expliquer notre fonctionnement psychique.

La nature utilise tous les potentiels pour arriver à ses fins.

Ce que ne disent pas nécessairement ces disciplines, c'est que la sensibilité du corps détermine le degré de valeur donné à chacune des informations, en parallèle ou en amont de l'intellect. Il est déjà reconnu que les souvenirs émotionnels sont enregistrés dans le corps, dans la partie somatique du corps. Certains osent même dire que la conscience est « hors du corps », ce qui paradoxalement revient au même. La conscience n'est pas dépendante d'une localisation, sa mémoire est répartie dans tout le corps, et hors du corps.

La nature utilise tous les potentiels pour arriver à ses fins. Les propriétés sont exploitées au mieux, et pour une même partie, plusieurs rôles différents sont possibles. Ainsi l'eau et le carbone disposent de propriétés diverses qui sont toutes exploitées par la nature, et particulièrement dans la perspective d'un développement organique.

Le corps biologique dispose d'une sensibilité liée directement à ses composants, les particules physiques. Les organes sensoriels sont des ensembles cellulaires ultra spécialisés, qui en fonction de leur usage ont un niveau de perfectionnement variable. Certains animaux ont aussi développé des sens supplémentaires aux nôtres, ainsi les dauphins émettent des sons qui se traduiraient en image 3D chez leurs congénères. La perception est une affaire de priorité, à la fois dans le degré mais aussi dans la forme.

Chez les requins la perception électrique va jusqu'à 50 m de distance, puis viennent la vue et la vibration, à 100 m, l'odeur à plus de 100 m puis l'ouïe à plus de 1.000 m. Avec le toucher et le goût, les requins disposent de sept sens différents.

Le corps des requins est un organe sensible extrêmement fin.

La construction des organes sensitifs s'est nécessairement faite à partir des propriétés physiques disponibles, et des nécessités de l'évolution. Le sens initial du toucher, commun à tous les êtres vivants quelle que soit leur évolution, s'est peu à peu spécialisé dans différents domaine en fonction des besoins.

De la même façon, la perception des événements à venir se fait à travers le corps. Le corps perçoit en permanence une grande quantité

Brook Watson et le requin, peints par John Singleton Copley (1738-1815).
Certains prédateurs sont extrêmement équipés (dotés par "l'évolution" ?) afin de pouvoir capturer des proies. On sait peu que, chez beaucoup d'entre eux, comme chez le chien ou le chat, en particulier, la perception du temps est accélérée.
Image du domaine public fournie par la National Gallery of Art, Washington, D. C.

d'informations dites « inconscientes ». Elles ne sont traitées que si elles sont pertinentes, ainsi il est courant de sentir le regard de quelqu'un sur soi dans son dos. Tout le travail consiste à apprendre à faire le tri.

Je pourrais faire un long passage sur l'apprentissage de la télépathie, de la communication avec le règne de la nature, mais ce serait hors sujet, aussi je vous renverrais au précédent numéro de *Un Temps*, sur les défunts et la mort.

Nous connaissons tous, plus ou moins, une personne ayant vécu un événement anormal. Ce sera un rêve, une vision, une rencontre, une

NDE, une sensation qui feront de quelques instants la certitude d'une vie, quitte à passer pour l'idiot du village, ou plus exactement de la société où on travaille. Le genre d'histoire qu'on ne raconte qu'aux amis de toujours, ou à celui d'un jour, rencontré dans le hall d'aéroport où j'écris à cet instant... ou à force s'entendre dire par cet ami de toujours, que oui, le monde invisible n'est pas si invisible que cela, et qu'à force de l'entendre on finisse par accepter de délier sa langue.

L'usage de plantes sacrées ouvre bien grand cette compréhension, mais sans aller jusque-là, de simples tests permettent de comprendre à quel point la perception du monde détermine tout, et quel degré de fiabilité on peut lui accorder. Cessez de manger, pendant trois jours, vous verrez comment le monde vous apparaît alors, ne dormez pas pendant 36 heures, faites une marche à pied deux à trois heures durant, et vous verrez si la perception est si linéaire et fiable que cela.

La perception de la Réalité est bien évidemment une affaire neuronale. Mais pour prétendre qu'il ne s'agit que d'une affaire neuronale, il faudrait encore être capable d'apprendre ce qu'est la perception sans neurone, comme pour un très grand nombre d'êtres biologiques sur terre. Pourtant, cela est établi, certaines plantes échangent des informations entre elles. Les plantes ne disposent d'aucun sens, elles ne disposent pas de systèmes neuronaux, elles ne disposent ni de la voix, ni du geste pour s'exprimer, et pourtant elles s'expriment, et pas seulement par des échanges moléculaires.

Soignez vos plantes et vous verrez vite de ce dont il s'agit. Soyez intimes, soyez joyeux, soyez ouverts comme des enfants avec la forêt, soyez avec la forêt, et la forêt vous ouvrira les portes de votre propre royaume.

Les sens physiques se développent avec l'attention qu'on leur porte. En fait, le corps humain perçoit tout, en permanence à travers son corps, et les « cinq sens » permettent une focalisation qui caractérise la Réalité tout en la limitant.

C'est tellement vrai que le travail des thérapeutes modernes consiste précisément, pour ce qui est du mental et de l'émotionnel, à redéfinir la perception du monde chez ceux qui leur demandent une aide. C'est un long travail, mais une expérience essentielle qui ne doit pas s'arrêter à un seul succès de soulagement ou de guérison. Il faut aller de l'avant. La définition de soi-même en dépend, et par là le chemin que nous souhaitons prendre.

La Révolution française ayant eu très peu de précédents, elle ne fut qu'un très long tâtonnement dans l'Expérience scientifique sociologique, avec parfois destruction des éléments étudiés.
Le Serment du Jeu de Paume par Jacques-Louis David.
Photo du domaine public par Wikimedia Commons.

Une fois le tour de la question fait, et après maintes et maintes morts psychologiques justifiant d'un renoncement chèrement acquis, l'individu en recherche d'une guérison accepte progressivement de se redéfinir, et de redéfinir profondément sa place et sa perception du monde plutôt que de vouloir redéfinir le monde, ce qui est assez vain. Cette volonté de redéfinir le monde justifia par exemple la Révolution française, et toute sorte d'inepties du même ordre, qui aboutissent invariablement à encore plus de complexité et d'incompréhension, lorsqu'il faut comprendre que tout est déjà là.

Revenons donc au sujet de base. Si vous avez accepté les éléments précédents comme relevant au moins d'une certaine logique et de faits réels, vous êtes armés pour la suite.

Le monde n'a pour nous que la valeur que l'on lui donne. Ce fait là a une conséquence, qui par son existence interdit en principe d'accepter cette idée en totalité.

Car la conséquence première, c'est qu'il n'y a aucune justice en dehors de notre propre logique. De fait, la notion même de justice peut faire l'objet d'un débat sans fin, chacun ayant sa propre opinion sur la question. Il ne s'agit pas donc d'une réalité, mais d'un concept, que l'on tente d'infliger à notre Réalité, souvent dans la douleur. Pour en sortir, l'apprentissage du pardon devient indispensable, quelle justice donc est possible, si tout peut être pardonné, si tout doit être pardonné pour que la vie soit supportable ?

Exit la justice, donc l'ordre, l'autorité, la cohérence sociale, et finalement la société

La demande de Justice est in fine une demande de compensation, en accord avec la Loi de Rétribution. Elle ne peut souvent se *réaliser* qu'en bilan(s) énergétique(s) et échanges de charges psychiques (c'est la même chose). Antigone est la mise en scène du conflit entre Lois humaines et Lois sacrées. Si le Droit social vise souvent à des équilibres de principes, le Droit sacré se règle par compensation énergétique, dans ce monde ou dans l'invisible. Image libre de droit du Project Gutenberg.

humaine et son anthropomorphisme qui change le monde pour le mettre à l'image des désirs de l'Homme pour lui-même et la répétition de sa propre Réalité. Nous pouvons donc enfin envisager le monde réel. Que voilà tant d'efforts à fournir pour un simple commencement.

Pouvoir s'accepter pour ce qu'on est, cela est un fait initial qui permet aussi d'accepter ce que nous percevons. La peur limite nos sens, car derrière les sens se cache la cohérence du monde. Les sens contribuent et sont essentiels à cette cohérence. Mais les limiter contribue à détruire la cohérence. Toutes les questions ne trouvent pas réponse dans la simple observation du monde, il faut aussi les intégrer, à leur juste valeur dans un ensemble global qui dépasse nos capacités biologiques de perception.

C'est donc un travail de longue haleine. Il faut aussi se souvenir, il faut aussi se projeter. Il faut aussi sentir en soi comment le monde résonne en nous. A la longue, ce qui semblait définitif devient passager, et ce qui semblait improbable entre dans le quotidien. Mais surtout, l'intensité de la vie devient de notre responsabilité.

Chaque chose que nous percevons s'inscrit dans un ensemble, ou dans une partie qui pour nous revêt un sens qui n'appartient qu'à nous. Les relativistes se servent de cette vérité pour introduire un mensonge de taille : la vérité serait relative.

Il serait donc convenu au titre d'une relativité issue d'une élévation de la réflexion personnelle, qu'il ne serait pas possible d'avoir une perception directe et claire de la Réalité dite objective, qui permette une compréhension commune approfondie de n'importe quel sujet.

C'est ignorer l'existence de l'Akasha, ou de tout autre nom qu'on veuille bien lui donner.

Percevoir les choses est un préalable à toute prise de décision. Percevoir les choses avec justesse permet en principe d'améliorer la justesse de ses choix. Il donc logique qu'une société organise l'abrutissement des sens en les sollicitant de manière excessive sans faire évoluer le traitement.

La méditation est aujourd'hui à l'honneur, c'est une bonne chose, mais cela ne doit pas nous faire oublier que la Réalité échappe à tout contrôle.

Et si la perception une fois comprise pour ce qu'elle est, finit par être travaillée, développée, on s'aperçoit tôt ou tard que la Réalité peut être modifiée par la perception, devenue émission.

L'alchimie avait pour objectif la transmutation, non pas pour obtenir de l'or à bon marché, mais pour démontrer le niveau atteint par l'officiant. Lorsque l'on travaille sur le *prana*, on peut ainsi constater que certaines propriétés physiques sont obtenues à la condition que l'officiant soit

...soyez ouverts comme des enfants avec la forêt, soyez avec la forêt, et la forêt vous ouvrira les portes de votre propre royaume.

déjà dans un état de Réalité proche des phénomènes recherchés, sans quoi ces propriétés restent peu perceptibles.

Luc VI, 29 :
« Si quelqu'un te frappe sur une joue, présente-lui aussi l'autre. Si quelqu'un prend ton manteau, ne l'empêche pas de prendre encore ta tunique. »

Lorsque l'on rencontre l'iniquité, on tend à se protéger, à se refermer. Se fermer conduit à perdre progressivement sa sensibilité, son âme parfois. Conserver sa sensibilité nécessite de ne pas sombrer dans le chemin de la rectitude, de l'autorité ou de la peur. Entretenir une relation sensible avec le monde permet, une fois l'obstacle passé, de conserver ou même faire grandir la relation avec le réel. Cette relation avec le réel nous définit nous-même, c'est donc faire œuvre d'humanité que de travailler à percevoir le monde avec plus de discernement.

Yves Le Maître

ACTUALITES

Daniel Shoushi
Émergence
Tome 1 -
Présence, Conscience
et Nature du Réel
Orphélia - 2018

Le 1er Novembre est paru le livre de notre ami Daniel Shoushi, traitant précisément du réel. Nous ne l'avons pas encore lu, car son annonce nous est parvenue quelques jours plus tard, et nous étions déjà en bouclage. Daniel fait partie de l'équipe de BaglisTV/SalamandreTV, ce qui est en soi un gage de sérieux, spirituellement parlant, et la garantie d'avoir affaire à un bon ouvrage, qui pourrait prolonger, compléter ou coiffer ce n° de *Un Temps*. Nous ne manquerons pas d'en faire une critique lorsque nous l'aurons lu, et pour le moment nous n'en citerons que la quatrième de couverture :

« Qu'est ce que le réel ? Quelle est la nature de la conscience ? Qui sommes-nous ? Autant d'interrogations qui nécessitent une vision holistique englobant les disciplines scientifiques telles que la biologie, la physique, les mathématiques et la psychologie, dans une approche fondée sur un rapport d'interrelation et une connexion avec la spiritualité.

Comme l'affirmait Spinoza, le corps et l'esprit relèvent en réalité d'un même principe. Un principe fondamental structurant le réel constitué du monde intérieur (psychique) et du monde extérieur (matériel), l'un étant le miroir de l'autre.

Réunifier ces deux mondes en ferait éclore un troisième, le Mundus Imaginalis, qui permettrait notamment d'apporter une réponse aux phénomènes de la conscience et de saisir pleinement son rapport intrinsèque avec le phénomène de la lumière.

Le changement de paradigme requiert de redonner ses lettres de noblesse à la métaphysique et de faire émerger la Connaissance au cœur de chaque être humain. »

Nicole Le Blond
Expériences de Mort Imminente : Une extase Mystique
JMG Éditions - 2019

Ce livre capital, annoncé dans notre précédent n° (avec une superbe critique d'Evelyne Sarah Mercier), sortira le jeudi 10 janvier 2019.

Nous vous passons le visuel de couverture, mais sans certitude que ce soit la version finale (pas plus que pour le texte d'accompagnement). Nous reviendrons évidemment sur cet événement (avec photos diverses) dans notre prochain numéro. Le suspens est à son comble, Nicole est sur des charbons, on peut précommander le livre, Noël va bien se passer !

L'été dernier, **la décomposition du boson de Higgs** a été observée. La presse en a parlé en septembre, avec grande discrétion, comme si l'époque des encensoirs était révolue.

C'est de toute façon un bruit creux, car on aura lu à ce propos : « *Dans les années 60, des physiciens, dont François Englert et Peter Higgs, précisent le modèle standard en expliquant pourquoi certaines particules, tels que les « paquets » de lumière appelés photons, n'ont pas de masse, tandis que d'autres en ont.* » – Bon, eh bien pas de chances les gars, le photon a une masse (mais Englert et Higgs ont eu le prix Nobel de physique 2013…).

Ce qui est à retenir, c'est que le LHC fonctionne (et que le modèle standard est respecté). Le temps où on faisait de la physique fondamentale avec des cônes en zinc et des écrans en carton est passé, ce boson a coûté des milliards, et on ne parle même pas de masse salariale : 3000 scientifiques y ont collaboré, et plus de 100 personnes travaillent sur les analyses.

Si les électrons durent des milliards d'années, le boson vit moins d'un sextillionème de seconde, et donne deux photons. Il peut aussi se désintégrer en quarks et antiquarks. Bozo le clown (vrai parrain du truc), a été créé en 1946, et il n'a donc pas fini de nous amuser (rigolez, on a payé pour).

SUR-RÉALITÉ ET SOUS-RÉALITÉ

Ordre implicité, monde en rhéomode et cycles culturels...

Charles Imbert - Écrivain

Il est entendu que le réel est devenu l'objet d'un discours, tout-un-chacun ayant même le privilège de décorer celui-ci, au point que toute étude du réel deviendrait de nos jours une étude d'arborescence des discours sur celui-ci. Où débute cette arborescence ? J'en ai tracé une origine dans mes *Approches de Pythagore*, aussi il faudra faire court : il y a 3000 ans, et même encore avant, le réel était un mélange de sur-réel (le monde des dieux) et d'existence triviale, quotidienne, laborieuse.

On a tendance à qualifier et classifier ce premier discours dans un "idéalisme" (à cause de Platon, alors que tout de suite Aristote allait en faire un rationalisme causal). L'histoire de la pensée illustre ensuite une dé-idéalisation, une tentative pour revenir à de la matière dense, morte, décrustée de tout relent religieux (le verbe décruster, présenté par le pataphysicien Boris Vian, est le contraire d'incruster).

Les scientifiques n'aiment pas trop revenir sur la définition classique de la matière morte, parce qu'on verrait apparaître les ficelles de la réduction... pour eux seul le résultat compte : avoir dépassé un fatras de forces invisibles, d'impossibles actions à distance non supportées et traduites par des forces et, si possible, trouver au moins un 'grain' (photon, electron, boson...).

Cependant, même minoré, le caractère sur-réel des sous-jacents explicatifs et constitutifs du monde ne devait jamais disparaître. A l'époque où il fut enfin question d'enterrer la métaphysique, un terme zombie put alors surgir : "sur-réalisme."

Les briques élémentaires ne permettent pas vraiment d'expliquer pourquoi il y a des constantes cosmologiques qui soient constantes... ou des "Lois de la Nature"

Le concept de "surréalisme"(1) n'est pas sorti de nulle part, mais de réflexions d'artistes (ces intellectuels doués en expression manuelle – pour certains) à une époque où les discours sur la Réalité chancelaient – on le verra plus loin –, et où des concepts de sous-réalités, charpentant invisiblement le monde, allaient être formulés, en particulier par les psychanalystes (cependant pas tout à fait assez loin pour prendre en compte les structurations des hallucinations, par exemple).

Qu'il y ait un sur-réel, les poètes en avaient toujours parlé, de manière floue, et il ne restait qu'à s'emparer de ce beau concept, dans des temps – après cette Grande Guerre censée tout "remettre en ordre"(2) – où la pirouette verbale pouvait aussi tenir lieu de discours tout entier.

Quant à la sous-Réalité, le fameux "implicite", elle découlait du même procès admettant l'existence des formes supérieures. Il est dommage qu'un article soit trop court pour visiter ou même évoquer les nombreuses particularités de ces deux concepts, aussi il faudra se contenter d'en voir ici les cadres constitutifs

1. La sous-Réalité

La sous-Réalité charpente et constitue la réalité perceptible par un réseau sous-jacent au monde physique normal, phénoménal, recevable par les sens. Il faudra désigner ce monde des phénomènes (le nôtre, ce que nous voyons comme un réel normé, normal) comme le monde de la densité. La sous-Réalité n'est et ne sera pas plus dense, elle est juste une caractéristique de la sur-réalité, dont il sera traité plus avant, mais elle mérite son nom de "sous-Réalité" parce qu'elle "sous-tend" la Réalité ordinaire, celle qui est définie comme stable, et jusqu'à aujourd'hui dotée, quoi qu'il en soit, des propriétés newtonio-cartésiennes.

En effet cette Réalité veut toujours se faire concevoir comme normalité (dans ses deux grands sens, à la fois comme enfant des Normes,

Sol à la BNF après un dégât des eaux. Au milieu d'un environnement graphique à base de lignes droites, des déco-lo-rations courbes ont soudain affecté l'épaisse moquette des couloirs au niveau du jardin intérieur. Un plasticien n'aurait pas fait mieux, dans le style surréaliste, genre qui, au départ, manqua de s'appeler surnaturalisme.
Photo Charles Imbert.

et aussi comme fond quotidien non menaçant). Richard Feynman(3), dès le début des sept conférences formant son ouvrage *La nature de la physique* explique :

« Il existe aussi dans les phénomènes de la nature un rythme, une structure, invisibles pour l'œil et qui n'apparaissent qu'à l'analyse : ce sont ces rythmes et structures que nous appelons Lois physiques. »

Il est curieux qu'on reçoive la constante de ces Lois – et en fait toutes les constantes – comme un fait allant de soi : un métaphysicien dirait qu'il s'agit de caractéristiques ontologiques (de l'Être). Oui, mais qu'en est-il de ces caractéristiques ? Y'en a t-il un nombre fixe ? Quelles sont leurs extensions, leurs correspondances ? Les physiciens recherchent les briques élémentaires, mais celles-ci mises à peu près en évidence, il faut se rendre compte de quelque chose :

Les briques élémentaires ne permettent pas vraiment d'expliquer pourquoi il y a des constantes cosmologiques qui soient constantes, une géométrie newtonio-euclidienne, des axiomes, une perpétuité du présent, ou encore des Lois plus complexes, assez nombreuses, ayant donné des adages fameux tels que « rien n'est sans raison », ou « la nature a horreur du vide » ou encore « la nature est économe. »

Hélas, ce n'est pas le lieu ni le moment de discuter de ce problème non plus physique, mais philosophique… (cependant, j'y travaille et j'y reviendrai dans de futurs exposés).

Comme annoncé plus haut, c'est en exposant ce qu'est la sous-Réalité, ou ce qui constitue en fait la réalité par une maille sous-jacente qu'il y aura un commencement d'aperçu de ces sous-tensions masquées et peu identifiées.

Cette sous-Réalité n'est pas une invention, elle est simplement invisible, et bien davantage teintée de para-normal que le normal tout court. Son existence n'a souvent été qu'évoquée, car son étude défie bien sûr la physique, et donc touche d'un côté à la méta/physique, ce qui était encore honorable, et de l'autre côté à la magie, qui bien que pouvant être blanche (amicale) ou noire (mal-intentionnée), a très mauvaise réputation.

Pour la centrer et mieux la définir, on peut rappeller ce que disait Marie-Louise Von Franz (voir le n°1 de *Un Temps*) mentionnant un grillage de forces sous tendant la Réalité-normalité, grillage que je traduisais par le mot maille, car ce tissu est constitué d'un seul fil de même nature, la force psychique.

Maillage ou treillis ?   Image Michel Barster.

L'existence de la sous-Réalité explique et permet, d'une part les Synchronicités, qui sont des gru-meaux de cohérence qui en émergent, et d'autre part la Divination, ce phénomène connu de toutes les cultures et de tous les âges.

En effet, le maillage (*"ce qui est écrit"*, disent certains) pré-défini peut se dérouler de manière assez forte dans le présent pour porter (apporter ou transporter) des images, des prévisions, de ce qui va se passer, par probabilité ou arrangement de variables cachées (si on peut reprendre cette fameuse expression, qui eut ses heures de gloire, pour la recoller ici en évoquant des forces, indiscernables parce qu'on ne peut ou ne veut en tenir compte).

La sous-réalité, en étant invisible, obéit néanmoins à quelques grandes lois, qui sont des lois du monde invisible, évoquées plus haut et dont il ne sera pas ici question. Mais le mot cohérence venant d'être posé, il emmène à quelques considérations :

La première caractéristique de la sous-Réalité est d'être *infiniment* cohérente. L'*infini* ici ? En pesant bien ce terme, il faut comprendre que l'infini est l'extension du continu par le contigu sans interruption, et que la cohérence assure la communication complète de tout l'ensemble de l'Univers en lui-même (les constantes y sont partout constantes).

La seconde caractéristique de la sous-Réalité est de répondre et correspondre aux définitions duelles de l'Être en ontologie, telles que définies par la table des dix oppositions citées par Aristote, et mises en scène avant lui par le philosophe Parménide dans son poème ontologique, puisque établies par des sources transmises par Pythagore, un des premiers philosophes ioniens, au bord de l'Asie et du monde babylo-sumérien (voir mon opus cité).

Le fait que les enquêtes sur ces 10 oppositions aboutisse en Ionie et soit ainsi un des héritages de plus de la science orientale débutant à Sumer ne fait qu'établir que de tous temps, ce qu'on pouvait taxer de spéculation métaphysique (donc théorie prouvée et corroborée, ce qui n'en fait plus de la spéculation) était connu par les personnes capables de savoir et de connaître. Ceci établi, et reconnu comme tel, il conviendra de l'investiguer, plus que d'en faire de la poésie rythmée pour que ça rentre mieux dans les cervelles.

Cette sous-Réalité n'est pas une invention, elle est simplement invisible, et bien davantage teintée de para-normal que le normal tout court.

Il semblerait d'autre part que cette connaissance ait voyagé de l'Orient jusque vers l'Extrême-Orient, puisqu'on retrouve des mentions de dualismes fondamentaux mais complémentaires dans les philosophies de ces contrées. Il y a ici peu à commenter, sinon que le cri *"dépasser le dualisme"* signifie dépasser l'apparence de dualisme, puisque comme il vient d'être dit, ces oppositions sont complémentaires, et liées par l'amour qui assure la cohésion des deux flancs de l'atome.

La troisième caractéristique… – alors qu'il vient d'être suggéré qu'il pourrait y en avoir plusieurs – ou une des plus importantes venant ensuite, est que cette Réalité est elle aussi opérable par une pensée *dite externe* mobilisant assez de force *externe* pour influer dans un système voisin. Ainsi, on peut intervenir, changer la sous-Réalité, comme on peut intervenir et changer la Réalité – en connaissance de causes et d'effets.

Ces caractéristiques sont apparues par ordre d'évidence : la cohérence du Un, la complémentarité du deux, la manifestation d'un regard extérieur au deux, ce qui s'appelle le trois. Ici, il faut commencer à se douter que ces caractéristiques seraient en accord avec les qualités spirituelles des nombres. Voici un encouragement : c'est tenir une piste de structuration pour enquêter sur les autres caractéristiques de la sous-réalité. Aller plus loin, serait, comme il fut dit, se disperser : il vaudra mieux s'occuper de ce qui conditionne entièrement la sous-Réalité, et aller voir la sur-réalité, dont la sous-réalité ne fait que montrer un des aspects, celui qui sous-tend.

La première caractéristique de la sous-Réalité est d'être infiniment cohérente.

A ce stade, quittant la sous-Réalité pour passer dans la densité et aller s'occuper de la sur-Réalité, il faudra mentionner deux points. Ces deux points importants doivent être fixés et connus, concernant notre vision de la Réalité et sa traduction pour les sens les plus larges possibles : **a**) Le filtre culturel, et **b**) l'abusive différenciation, bien que celle-ci repose sur le même mécanisme de travestissement que le filtre culturel.

a) Le filtre culturel se manifeste lorsqu'un individu reçoit une information tellement nouvelle qu'il ne peut bien la traduire ; comme on dit, face à ce relatif ineffable, il "utilise ses mots" pour faire une effusion vers la conscience collective culturelle à laquelle il appartient. Un exemple frappant est la vision des messagers de la mort, ceux qui viennent parfois conforter les mourants, et que dans des situations et moments semblables, on voit vêtus de blanc en Occident (ce sont des anges) et vêtus de noir en Inde (ce sont alors des *Yamdots*) : leur fonction est identique, leurs attributs varient (et bien sûr leur nom, mais leur désignation reste au fond identique).

On rencontrera le filtre culturel dans quantités de cas de messages provenant de l'invisible, et il faut absolument différencier ce filtre de la fameuse intention malicieuse (un des attributs du Trickster et de ses sous-agents). En effet, les deux, malice et filtre, concourent parfois, et par exemple dans les message spirites, ce qui n'a pas peu contribué au discrédit de ceux-ci. D'autres manifestations, dans la rhétorique de l'invisible, parasitent leur message, ou plutôt semblent le parasiter, simplement parce qu'ils sont mal traduits à cause du filtre culturel. Celui-ci est donc plus qu'important, et à prendre en compte.

b) L'abusive différenciation concerne des faits globaux qui n'ont pas besoin d'être analysés en sous-parties, celles-ci risquant de paraître contradictoires, ce qui, selon la Logique, devrait mener à une exclusion ou minoration d'une des parties : celles-ci sont, dans tous les cas, reliées et communicantes, et n'ont pas à tolérer d'atteintes.

Une autre abusive différenciation porte par exemple sur Conscience-Amour-Vitalité-Lumière, qui est un ensemble désignant la manifestation du divin, habitant la sur-Réalité, jusque dans le monde de la densité : on aime, on apprécie cette manifestation au point de lui donner des aspects, et même les noms Air-Eau-Terre-Feu.

Une autre abusive différenciation, dans notre monde-Réalité de la densité, concerne la différence entre le temps et l'espace, différenciation qui fonctionne encore mieux si on s'imagine le temps comme uni-dimensionnel, sous la forme de la fameuse flèche du temps. En fait, le temps est l'espace, l'espace est le temps. Et le temps est lui-même, bien entendu, tri-dimensionnel, puisqu'il est l'espace. Si on veut mieux comprendre, nous ne voyons en général le temps que découpé en secondes, sous sa forme rythmique (longueur), mais il est aussi harmonique, laissant s'exprimer des simultanéités (largeur), et en outre, il varie en mélodie selon des événements (hauteur).

La bonne compréhension de ce fait demande un certain effort psychologique, non dénué d'intérêt. Imaginez-vous une fanfare, avançant au pas (longueur), en rythme, tandis que des instrumentistes voisins (largeur) jouent la même note en harmonie au même moment, cette note variant elle-même en hauteur et en ferveur mélodique selon les cris du public… C'est cela, le temps et l'espace : c'est la même chose. Comme dit Patrice Serres « Le temps est ce qui permet à l'espace de se déployer », sauf que la réciproque est vraie.

2. La sur-Réalité

Il serait trop rapide d'énoncer que la sur-Réalité concerne des mondes spirituels, mystiques, et leur propre densité d'existence, densité qui est, selon les traditions, d'un ou plusieurs niveaux de raffinement (la question de ces niveaux *subtils* concerne, on le sait, tout un pan des questions ésotériques).

On le sait, et nous l'avons détaillé dans le premier n° de *Un Temps*, le pampsychisme est considéré comme la racine des existences des mondes visibles et invisibles. Ce psychisme universel est largement inconscient, et comme tel, il est aussi le réservoir de l'Inconscient collectif, en tant que phénomène, et le cadre d'inconscients collectifs locaux et circonstanciés, plus ou moins autonomes et plus ou moins dotés de sympathie (qui est à la base de l'amour, et au dessus de la compatibilité – l'étude de l'empathie n'ayant souvent pas dépassé le travail de Max Scheler).(4)

…le psychisme est ce qui crée Tout, et est l'Être (c'est la même chose que la pensée et l'Être, disait déjà Parménide)

On le sait aussi, le monde invisible double entièrement le nôtre, point par point. On ne pourrait parler de calque ou d'ombre : c'est le monde phénoménal qui est ombreux et l'écho des réalités subtiles, tous les mystiques l'ont dit, redit et souligné. Il faut ainsi concevoir que tout ce qui ex-iste (Ek-ister, même, pour jargonner à la Heidegger, sachant que Echte, en allemand, est le véritable, condensé en "ek") accepte une contrepartie éthérée. Yves Le Maître aime souligner qu'il existe des êtres organiques désincarnés, mais on ira encore plus loin, en acceptant le concept d'espace spirituel, qui se doublera, en fonction de ce qui vient d'être énoncé, d'un temps spirituel.

Plus précisément, nous touchons ici au problème de l'Ordre implicite. La réalité apparente serait la manifestation (ou l'illusion, diront certains) d'une Réalité sous-jacente. Cette proposition, logique en soi, au vu de quantités de faits, traditions, déductions, bute sur la question de la fameuse "substance" des réalistes, pour lesquels il n'y a que de la substance, suffisante en soi, et excluant tout invisible comme vapeur fallacieuse. Ceci même si Spinoza faisait de la substance un homonyme de Dieu (ce qui est encore sécurisant pour un physicien, et spectaculaire, mais normal si on confond Dieu et sa Création, en allant parfois dire que la Création, c'est le Fils – oui, on l'a dit, bien sûr).

Plus récemment, David Bohm fut à l'origine d'une nouvelle reformulation de la théorie de l'ordre implicite (*implicate order* ou même *invelopped order*). Il proposait qu'un arrangement inconnu de relations de dépendance ou d'indépendance gouverne la Réalité entre les éléments du monde. Ces connexions fondamentales étaient une re-production de ce que nous nommons par exemple temps et espace, ou matière et conscience, avec aussi l'illusion de voir des particules existant séparément. Pour lui toute forme dépliée (visible) contenait son germe et sa raison implicite (invisible) correspondant à un ordre plus profond. C'est à cause de cet important rejet – ou écart – de l'étude de corps *distincts* (selon la mécanique newtonienne) que purent fleurir les modèles de Réalités dites fractales, ou hologrammes, etc.

De fait et quoi qu'il en soit, relativité plus quantique ont fini de définir une réalité de flux, en transformation, un rhéomode, par des jeux de fonctions où rien n'est séparé quoi que coulissant par rapport à des paramètres multiples.

Effectivement, ce que nous appelons le temps, par exemple, peut être vu sous sa forme biologique, le temps des équilibres moléculaires, ou envisagé comme Eternité, ou infinité. Il existe un troisième temps, connu des Grecs, en sus d'Aïon (l'éternité) et Chronos (le temps de la durée, celui de nos vies incarnées) ; il s'agit de Kairos, l'instant. Plus qu'une vision du micro temps, il faut voir ici la compréhension de la perpétuité, c'est à dire de la perpétuation de l'instant présent. Le présent étant une crête dans la durée, et la durée étant un étalement (voir ce que je dis à propos de son identité avec l'espace), nous parlons ici de modalités de l'Être éternel

---

En fait, le temps est l'espace, l'espace est le temps.
Et le temps est lui-même, bien entendu, tri-dimensionnel,
puisqu'il est l'espace.

. Il ne faut pas ensuite faire l'erreur d'essayer de recoller la conscience dans ce tableau, puisque le psychisme est ce qui crée Tout, et est l'Etre (c'est la même chose que la pensée et l'Etre, disait déjà Parménide). Quant à cette fameuse conscience, support de l'implicite et se dépliant, elle contiendra elle-même ses propres structures d'expression, ou de support (un de ces supports étant visiblement le biologique, et le biologique correspondant donc à l'Univers tout entier, comme le souligne Yves le Maître). Il ne faudra donc pas s'étonner de voir la nature se parler à elle même sous les modalités mathématiques (ce qui est connu depuis fort longtemps) ou sous les modalités rhétoriques (ce qui n'a pu commencer à se voir qu'avec l'écriture, manière de se confronter avec un discours à étudier, alors que l'arithmétique se jouait déjà en brindilles et petits cailloux depuis des millénaires).

Aussi, rencontrer enfin l'idée que l'ordre implicite, la sur-Réalité, se traduit par des discours, ou même, par un terme encore plus cru, des langages, est tout à fait vrai. Et il existe alors des infra-structures et des super-structures. La Réalité est un discours, soit, aussi même sa traduction suivra les ordres du discours. Et l'entier ordre historique de ces définitions et traductions est lui-même un discours super-structuré. Si le discours est organisé lui même dans sa production visible par la rhétorique et des genres, il se tient lui-même selon quatre degrés connus depuis l'anti-quité : le littéral (terre), le moral (eau), l'allégorique (air), et enfin, le mystique (feu). Ces niveaux de lecture doivent être vus comme sophistications progressives du sens ; et comme pour tout de ce qui touche au nombre 4, être vus comme les quatre causes : destination, substance, forme, origine, ce qu'on peut aussi exprimer par « Dire quoi à qui, comment et pour quoi faire. »

Les quatre degrés se sont dépliés de manière assez visible, pour ce qui concerne les

Cette image était déjà dans le n°1, mais je l'aime bien, et après tout elle est bien, ici aussi. Clip Art des années 1990.

discours sur la Réalité. Ces discours, apparus comme des étapes nécessaires et successives, s'appuyant en développement, était donc des raffinements, et c'est bien ce dont nous parlons dans les quatre degrés. Les discours sur la réalité ont bien suivi leurs degrés, aussi curieux que cela puisse paraître.

Pour la suite de cet article, vous trouverez une présentation-énumération de ces quatre stades de discours global sur la Réalité, incluant les références aux degrés, et aux quatre causes aristotéliciennes illustrées par la célèbre référence au potier. Vous aurez ainsi les références conceptuelles en **économie**, **art** et **science** et aussi **politique**.

Au XVIIe siècle, Ce qui est réel est Naturel.

C'est le stade littéral : le beau, c'est l'exemple de la nature, la puissance c'est l'alliance des bonnes volontés, et de même, la richesse, c'est d'avoir de l'or, comme ci-après exposé dans un paragraphe. Nous sommes dans la cause de substance aristotélicienne : le réel, la richesse, le beau sont denses et préhensibles : *Le pot existe parce qu'il est fait de terre*.

En **sciences**, la nature fut, depuis Platon et Aristote, la commune Réalité contre laquelle l'Homme devait agir et se créer définitions et sécurités. Les saisons, les conditions, les autorités avaient certes des bases, mais d'abord prévalait l'état de fait, littéral et pondéral. Une balance suffisait à donner une idée du monde, puisque, comme le rappelait la Bible, Dieu avait tout créé par nombres, poids et quantités. La compréhension du réel, intensément pragmatique, comme aux siècles précédents, s'ouvrait à peine à des enquêtes mythographiques, historiques, méthodologiques pour discerner des racines à voir dans le réel.

En **art**, la représentation de l'existant caractérisait le beau, puisque la contemplation de la création de Dieu dans la nature apportait joie, bonheur et sérénité.

En **politique**, l'idée de contrat et de traité prévalait, reposant sur la parole donnée de représentants personnels des États européens (ce n'était pas encore l'Occident). Ces États voyant progresser de nouvelles structures (banques et leurs techniques, fiscalités et leurs organisations, armées de métier, stocks d'armes à feu) commencèrent à se doter d'administrations dites royales coiffées par la nouvelle figure du premier ministre. Les racines des administrations modernes et les idéologies de ces monstres quasi incontrôlables datent de ces époques.

Un galion espagnol. Le prix de fabrication d'un de ces navires correspondait au coût de la construction d'un de nos immeubles. Les effets des intrans d'or (valeurs quasi *ex nihilo*) n'ont toujours pas été compris, à une époque ou les bourses fabriquent la valeur... Photo libre de droits.

En **économie**, le bullionisme assurait que la possession littérale de l'or (ou de ses équivalents à monnayer, la terre ou le titre, issu du contrat) était en soi la richesse. La confiance en l'or n'était même pas ébranlée lorsqu'un galion apparaissait à l'horizon devant le port de Séville, bien que la simple annonce du fait fisse grimper les prix en ville : les mécanismes de l'inflation, ou de la concurrence des marchés, ne seraient que bien plus tard mis en évidence (et assez peu régulés).

Au XVIIIᵉ siècle, ce qui est réel est rationnel.
C'est le stade moral, autrement dit le réel repose sur des fondamentaux positifs, des raisons. Le beau est ce qui plait au commanditaire, la puissance découle de pragmatismes sans délais, la richesse découle de forces productives. Nous sommes dans la cause d'origine aristotélicienne : le réel, la richesse, le beau sont explicables par une provenance et des Lois. *Le potier va faire exister le pot parce qu'on en a besoin.*

En **sciences**, Leibnitz l'exprimera avec sa formule *Nihil est sine ratione*, couramment traduite par "Rien n'est sans raison" (Heidegger faisait remarquer que la double négation n'existant ni en Grec, ni en Latin, la célèbre formule de Leibnitz avait bien été conçue en Français, langue des cours allemandes, puis écrite en latin de cuisine pour s'imposer en autorité).

Cette raison est aussi une recherche de l'explication des origines. Des sommets seront atteints par les mathématiciens ou la mécanique newtonienne, tandis que la chimie entreverra l'idée de racines positives débarrassée des symbolismes alchimiques, et qu'en sciences humaines, des premières approches ethnologiques ou mythographiques commenceront à étudier fables ou culture sous l'angle des structures.

En **art**: La sensibilité s'exprime, soit par la recherche de formes courbes libres, soit par les manières aimables des peintres (Boucher, Fragonard, Watteau) ou le pré-romantisme des ruines d'un Hubert Robert (exemples français, mais visibles en Europe). L'idée d'un art aimable se formule dans le constat que le beau est ce qui plait à l'acheteur, au commanditaire, au roi, bref à celui dont découle la faveur de pouvoir créer.

En **politique** : l'idée de rationalité se dégage, s'impose, empruntée aux *philosophes* et théoriciens des lumières. Les politiques domestiques ou internationales se disent éclairées et se parent de la *Raison* (tout en continuant comme devant des pratiques sournoises et l'usage de la force).

En **économie** : Le physiocratisme pense avoir décelé l'origine de la richesse : l'accroissement des récoltes (un grain de blé donne huit grains, du 800%) augmente les populations, lesquelles augmentent l'industrie, l'art, la connaissance. La notion de partage des bénéfices (le revenu bon) par contrats entre actionnaires locaux va faciliter les premiers amas de capitaux pour diverses futures exploitations.

...le beau est ce qui plaît à l'acheteur...

Le stade moral lie ainsi un dépassement du littéral pour en trouver les premières raisons psychologiques, laquelle est, en ces époques, vue comme force vertueuse, ou déficience du corrompu. La *Raison*, vue comme logique souveraine (Kant s'appuiera sur la logique pour s'attaquer au réel, jusqu'à buter sur l'immanent et le transcendant), est la source des forces vertueuses, puisqu'elle est la condition de l'intellect souverain.

Au XIXe siècle, ce qui est réel est mesurable.

C'est le stade allégorique. L'étape suivante dans la sublimation du réel va au delà des raisons, pour constater la dureté du réel, discerner du positivisme, de l'encyclopédisme, du scientisme. L'allégorie, cette représentation de forces invisibles par des formes symboliques, se traduit ici par une fixation, une descente dans le figé, une réification, une densification, qui prône le réductionnisme, le déterminisme (mais pas le destinisme), la psychologie mécaniste (mais surtout pas le para-psychologique).

Le stade allégorique figure et représente le réel comme détaché de soi et même de la raison, pour être posé sur un établi, bien fixé par des serre-joints afin qu'il ne bouge pas. A ces conditions de forte fixité des paramètres, on pourra grandir certains principes positifs matériels, et exclure de l'irrationnel (ce poison redouté). Nous sommes dans la cause de forme aristotélicienne : le réel, la richesse, le beau sont explicables par une mise en œuvre : *le pot existe parce que la forme du pot fait le pot.*

En **sciences**, Tycho Brahé avait déjà illustré le triomphe de l'observation, tout en faisant le lien entre Copernic et Kepler : ses laborieuses mesures de la position des astres, à partir de son observatoire privé d'Uraniborg (admiré par l'Europe entière), permirent l'établissement des lois képlériennes, ouvrant la voie à Newton. Seules de précises observations du réel pouvaient donner l'explication de phénomènes, fussent-ils macroscopiques. La volonté d'ancrage dans la détermination d'un seul pôle, le positif, se con-

"*Le progrès c'est génial*", leitmotiv (phrase répétitive) au XIXe siècle… L'avenir, c'est la solution, le versement du dividende, l'héritage, la remise de la croix du mérite…

crétisa ensuite et par exemple dans la création de mètres étalons, ou de mesures éternelles et invariantes [les constantes - Non seulement les constantes connues (zéro absolu, vitesse de la lumière, etc.), mais par exemple, le postulat que les lois de la gravitation sont les mêmes dans des galaxies éloignées] – même si la volonté de définir des mesures stables fut toujours un souci des scribes des puissants, à toutes les époques de l'humanité, et même si le système métrique était un fruit raisonné, issu du siècle précédent (il fut adopté pendant la Révolution).

En **art** et culture, la réaction et transgression suivaient d'alternatifs mouvements à partir des socles connus et définis dans les siècles précédents. Des bases encyclopédiques exhaustives collectionneront tous les faits répertoriés et exhumés, les mythes de l'édification matérielle personnelle et de l'accès à l'éducation supérieure par les recherches auto-didactes seront des constantes populaires dans des sociétés fortement verrouillées, où le seul terrain neutre entre aristocrates sous menaces de dépossessions et bourgeois nouveaux-riches par encore menacés seront les opéras, ces maisons de la culture des possédants. Cet art tendra entre l'expression des sentiments (romantisme) puis l'expression des impressions (impressionnisme) pour dépasser les mesures classiques.

En **politique**, colonialisme et impérialisme s'empareront d'un monde mesuré, clos et borné, chaque état souverain de culture occidentale (et bientôt le Japon, adepte des nouvelles techniques) cherchant à se mesurer à et par des sphères d'influence.

En **économie**, le capitalisme assurera un développement des infrastructures permettant la circulation des pièces interchangeables, d'une mesure constante. Le marxisme, une théorie sociale parmi beaucoup d'autres, pointera sur le fait que c'est l'accumulation mesurée de la force qui crée la confiance (fiduciaire) au dessus des risques, eux aussi en passe d'être mesurés.

Au XXᵉ siècle, le réel est fluctuant et relatif.
C'est le stade mystique. La sublimation du réel atteint son plus haut degré. Le réel devient soumis au changement, ce qui permet de vendre de nouvelles versions, d'adopter de nouvelles idées de mode, de réviser et de rétro-pédaler. Nous sommes dans la cause de destination aristotélicienne : *Puisque le pot existe, on n'a plus qu'à s'en servir, le consommer, le consumer.*

Seules de précises observations du réel pouvaient donner l'explication de phénomènes, fussent-ils macroscopiques.

En **sciences**, la relativité générale (le mot eut un succès énorme, alors assimilé à relatif, donc peu fixe, alors qu'il ne recouvrait que la physique scalaire déjà connue, par un ensemble de transformations de fonctions, le tout étant bien calculable) prétend exclure tout point de référence, tout fondement ancré ; l'axiomatique (science des axiomes et définitions) sera attaquée de front par Gödel ou Russell. Puis, assez vite, le quantique prétend qu'à échelle microscopique et selon des protocoles ne prenant pas en compte les champs psychiques, l'observation détermine la mesure. Au fil de ces coups, ébranlements et renversements, le réel se dissout, échappe de plus en plus à toute saisie.

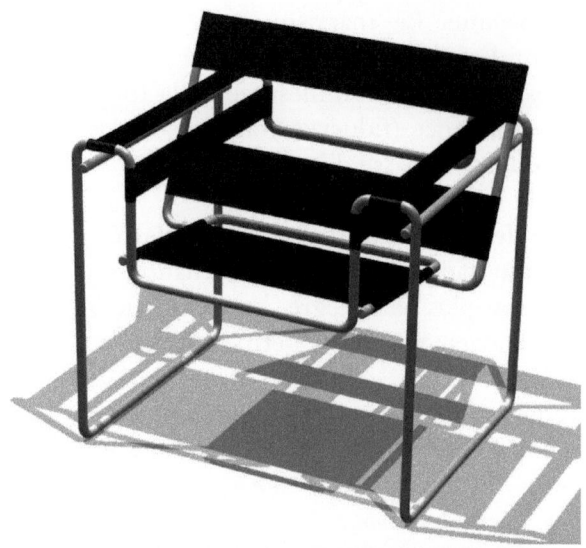

Chaise Wassily (ou chaise modèle B3), de Marcel Breuer, créée au Bauhaus à Dessau (Allemagne) entre 1922 et 1928. Image libre Borowski~commonswiki.

En **art**, c'est l'âge du décor pour tous (bien que le Bauhaus ait prétendu régler le compte du décor et du style) et de l'apparence de la forme pour la forme. Ainsi, il ne faut pas s'étonner que l'art crée l'art. Le beau devient une simple affirmation, au besoin confortée par des groupes d'opinion. Les mouvements les plus radicaux, support-surface ou destructivistes, sont en fait des formulations d'arabesques et figures décoratives.

En **politique**, le discours modifiera la réalité (voir ce qu'en disait Orwell, et aussi l'article de Michel Barster dans ce n°). Les discours des groupes ne deviennent valides que par majorité relative, lorsqu'un défaut de quorum empêche une vérification, mais laissant paraître une légitimité provisoire. Au milieu du siècle, des études psychotechniques viseront ostensiblement à la manipulation des masses ou aux lavages de cerveaux individuels, des essais de shadow governments se feront (5), pour étudier les modalités des conservations des autorités légales en cas de crises majeures.

En **économie**, l'argent créera l'argent, soit par des mécanismes de dettes croisées, portant intérêts, soit par des jeux boursiers couvrant tous risques de pertes par des options elles-mêmes titrisées (sans *compter* d'autres jeux).

Nous sommes alors dans la cause de destination aristotélicienne, comme spécifié plus haut : le réel, la richesse, le beau sont explicables par leur finalité, c'est à dire respectivement la traduction, le commerce, le décor (*le pot existe parce qu'il va servir à des usages*).

Mais alors, et ensuite, si l'on admet ces quatre stades et quatre âges ?

Ensuite ?

Eh bien c'est fini. On retourne à totalement autre chose. Nous sommes à présent dans l'ère du dévoilement, de la révélation de l'inconscient collectif, et du retour des Dieux (voir *Un Temps* n°1).

Pour ne pas vous abandonner face à la curieuse production de cette méta-structure culturelle, il faudra aussi citer un autre mouvement cyclique et de bascule entre les siècles, qui là est purement binaire, entre siècles pairs et siècles impairs (celui-ci me fut indiqué il y a une vingtaine d'années par Robert Mazlo, orfèvre et designer, qui pourrait en être l'auteur, faute d'avoir identifié ailleurs cet intéressant exposé) :

XVIe siècle (pair) : Libertés de ton (Protestantisme par exemple), et libertés sexuelles exprimées ou affichées (Rabelais par exemple).

XVIIe siècle (impair) : Formalismes (apparition des premiers ministres, des administrations et de l'absolutisme), rigidités sexuelles (et Puritanisme, jansénisme, etc.)

XVIIIe siècle : Retour des libertés sexuelles et morales (salons intellectuels, encyclopédie, lumières), contestations religieuses et pré-idées révolutionnaires.

XIXe siècle : Rigidité sociale (Révolution industrielle), rigidité sexuelle (Victorianisme).

XXe siècle : Retour des libertés sexuelles et morales (figure de l'intellectuel libre, pornographie), contestations, nouvelle vogue des révolutions.

On peut voir des échos d'un siècle dans l'autre, ou voir tel effet tempéré, mais l'alternance entre rigidités et permissivités résulte sans doute de conspirations liquides (6) à l'intérieur de l'Inconscient collectif occidental, en accord avec la numérologie ou le numérotage du siècle. La traduction en *valeurs morales* poserait question(s). Il faudra conclure en énonçant : La réalité est aussi créée par un fait culturel soumis à des Lois.

Le développement et le *progrès* de l'Humanité (car il y en a un) s'est illustré depuis 10.000 ans par les grandes révolutions socio-techniques du néolithique (par exemple l'apparition du tissage, de la céramique, des boissons fermentées ou de la pyramide sociale, entre autres). Le récent progrès de la pièce interchangeable, qui permit le machinisme, est-il déjà surclassé par l'encore plus récent bond dans l'âge cyber-électronique ? Nous manquons encore de recul pour qualifier ce que nous avons à vivre. La maxime du vers d'Horace, *Carpe Diem quam minimum credula postero* (Cueille ce jour sans te soucier du suivant) reste ainsi d'actualité, plus que jamais.

Charles Imbert

(1) Patrick Lepetit, *Le surréalisme, parcours souterrain*, Dervy, Paris, 2012. En apparence anticlérical, le surréalisme ne cessera jamais de flirter avec la divination, l'astrologie, l'alchimie et un gnosticisme de l'occulte, puisque pétri de symboles. A ce titre, Jung aurait pu être surréaliste.
(2) Vers le retour à l'ordre. Cet assez bon ouvrage expose les tensions intellectuelles de l'avant-guerre, avec l'ambition des classes-moyennes/supérieures de se débarrasser d'horreurs telles que le cubisme, par un retour à, sinon à l'immortel bon vieux temps, du moins à des temps où aristocraties finissantes et mercantis vigoureux se partageaient le monde ; des temps pas éloignés, peut-être datés de 50 ans auparavant, mais où les socialistes, anarchistes, progressistes et fumistes n'étaient pas une menace trop grandissante.
(3) Richard Feynman, *La nature de la Physique*, Seuil, Paris, 1980. Ouvrage de fond dont il est dit du bien, ailleurs, dans ce numéro de *Un Temps*.
(4) Max Scheler, *Nature et formes de la sympathie*, Payot, Paris, 1928. Un classique ardu et assez rébarbatif, qu'il faut avoir lu, au moins dans sa jeunesse.
(5) Pauwells et Bergier, *Le matin des magiciens*. On ne présente plus ce bric à brac, issu de la rencontre d'une barbouze et d'un bourgeois, qui devait signaler le début d'une *vague* authentique vers le retour d'un psychisme libre (*vague* parce que onde de mode, et coïncidant avec le *new age*).
(6) George Picard, *Liquid conspiracy*, Adventures unlimited press, Kempton (Illinois), 1999. Très intéressant travail montrant que les *conspirations* sont en fait des adhésions de sympathies floues, et résultent parfois de micro-engagements, où les *conspirateurs* ne savent même pas dans quel sens ils vont (quand ils vont).

LE RAY-EL COMME RAYON DE LA LUMIÈRE UNIVERSELLE

La pulsation, l'Om mystique de l'éternité Réelle

Yoann Lamant - Faiseur de Pluie comme de Rêves, Chaman

Je partirai en tant que Chaman sur cette affirmation des Anciens qui dit que seul un vrai Mystique, un grand Chaman perçoit le Réel tel qu'il s'exprime. Alors il convient sûrement dans un premier temps de s'entendre sur ce qu'est la voie de la mystique.

On croira sûrement à la lecture des ouvrages qui en racontent l'histoire que la mystique est réservée à une élite constituée : d'une part, soit de vieux fous solitaires que la vie a tellement déçu qu'ils s'en sont retirés pour voguer vers d'autres Lumières plus douces ou plus abstraites. Soit, d'autre part, nous pourrions aussi attribuer ce rôle de mystique à ces quelques idéalistes, qui face au non-sens actuel que représente la civilisation, se réfugient ensemble, çà et là, dans des ashrams, des ermitages reculés du monde. Un monde où ils habitent mais qu'ils fuient ou haïssent comme une peste. Voilà un constat de néophyte, d'anthropologue ou de sociologue désabusé.

Néanmoins, si on regarde la tradition monastique de la communauté restreinte, on peut voir qu'elle nous a donné bon nombre de mystiques. A savoir ces personnages sous influence d'un certain Saint Benoît de Nursie, né fin Ve siècle et mort au milieu du siècle suivant : patron de tous les ascètes et des moines, de l'Église apostolique naissante, Église établie par un certain Constantin 1er, plus d'un siècle auparavant, pour des motifs politiques. Comme ce fut le cas en Égypte avec ceux que l'on a nommé postérieurement « Pères du désert » ; cet article

---

Nobles Fondements :
Le Silence et le Rythme.

---

pour des raisons de clarté va se cantonner à notre civilisation dite « du néoplatonisme Judéo-chrétien » ou Occident. Bien que ses racines soient elles-aussi orientales et comme étant identifiées dans une zone qui représente, dans cette période de l'histoire, un territoire comprenant le bassin méditerranéen et l'actuelle Afrique du Nord pour être à la fois juste et très large.

Pourtant... si on veut se mettre dans l'ambiance de ces communautés qui prônent – et elles ont raison – un mode de vie épuré, simplifié et calqué sur les rythmes internes de la nature qui si vous le voulez bien sera son SUPER indicateur du Réel dans cette étude retenez-le… Donc oui, il faut absolument pour comprendre quelque chose à la mystique, se pencher sur nos amis d'Afrique Noire. Dans certains villages où les anthropologues de cœur ont décidé d'arrêter leurs observatoires et où ils se sont aperçus que ces collectivités fonctionnaient comme le microcosme parfait de ce macrocosme nommé l'univers, et cela dans tous les aspects de l'existence individuelle et de la vie en collectivité.

En effet, dans ces groupements humains hiérarchisés, chacun possède sa place et il y a toujours une place pour accepter autrui. Au fil des jours qui se déclinent au rythme des récoltes et des saisons, l'Homme tribal ne recherche pas à s'imposer. Il laisse la place aux couleurs et aux rythmes éternellement cycliques de la Grande Nature et se régale de la Lumière qui lui arrive sous toutes ses formes. Qu'elles soient froides ou chaudes, douces ou amères, opaques ou éthériques.

Puisque nous venons de l'évoquer, le rythme est déterminant dans le maintien du moral, de l'ordre et de la cohésion de la communauté. Des graines de blé sous le fléau et du linge que l'on racle et que l'on tord et que l'on frappe. En passant par les bruits de la roue d'un puits qui se vide aux sons synchronisés des cris des hommes dont la pioche creuse le sillon dans le champ : tout participe à un rythme collectif qui laisse s'écouler en chansons toutes choisies dans cet élan, une énergie mystérieuse, qui souvent, le

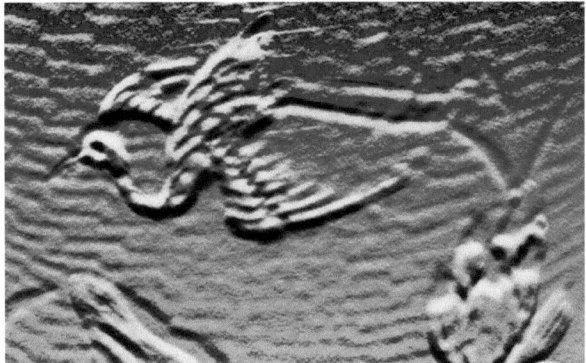

Phénix au désert.   Photo et infographie Eclosion.

Chaman du village le dira, est à l'image de l'Eau qui elle-même a la mémoire et chante une chanson nommée : la Vie.

Le rythme des âmes plurielles qui les donnent, qui les jouent comme des grâces dans un quotidien où il faut bien souvent survivre est la Mère de la musique et de la poésie, que l'on nomme à tort selon mon humble avis ; tradition orale. Ce n'est pas « Parler » dont il est en effet question mais chanter et danser. Faire de l'existence une danse simple, un chant d'amour à chaque fois renouvelé et offert à la grande dame : la Vie.

Le Père de ce chant c'est l'Homme : c'est lui qui imprime ses mouvements à cette partition de l'Univers qu'il faut jouer. Et pour jouer de cette chanson sacrée il faut du ventre, du souffle et de la joie pour la porter loin, c'est à dire dans un espace hors du « moi ». Le concept de rire par exemple dans la tradition biblique n'est pas explicitement décrit dans les plans de Dieu. Mais c'est pourtant le fils tant désiré des époux mythiques et mystiques Abraham et Sarah :

Isaac ou Dieu rit, qui est la clé de cette genèse civilisationnelle. Dès les premiers espoirs avoués d'un peuple qui est en train de naître, il y a cette Joie toujours non consommée disponible dans le Grand Cœur du Divin qui bat à travers les rythmes de la nature.

C'est souvent dans l'horizon d'un couchant éreinté et pourtant à chaque fois magnifique que le Soleil comme l'esclave noire qui le regarde trouve dans la légende, la force de se lever chaque matin pour venir chanter sur le monde tout en le faisant danser et rêver.

Pour le Chaman, ce thérapeute à la fois porte-parole du Vivant et maillon comme les autres de celui-ci, frapper sur un tambour, par exemple – ou souffler dans une flûte –, c'est reproduire cette rencontre entre le rythme de l'Homme et celui de la Nature. C'est prendre un instant le grand Souffle pour le réchauffer ou l'apaiser et

---

On considère que le moi se forme à partir de l'interaction continue des expériences intérieures et extérieures de l'individu. Ses caractéristiques sont propres à chaque personne, mais ses éléments sont communs à tous.

---

ainsi le rendre de nouveau disponible, frais et à la disponibilité du groupe. C'est aussi la matérialisation dans le Son de la révélation du divin qui nous est livrée à même la terre. C'est ce son primordial que l'on nommera le Verbe. Il est le pilon qui s'abat dans le bol comme les mots du verset de la Bible ou des autres Écritures. Pour les Textes-Saints, la partition a été figée dans le temps et l'espace comme l'Homme à l'image des couleurs, celles de sa peau, de ses yeux et de notes, celles de leurs traditions chantées.

Pour ces Hommes que la modernité paradoxalement traite de « sauvage » à demi-mot, le rythme n'est pas un système ou du moins il n'est pas clos. Lorsqu'un nouvel oiseau vient soudain chanter dans l'arbre qui a grandi, il y a un grand silence qui se crée parce que les autres arrêtent respectueusement leurs mouvements et leurs occupations et ils écoutent. De cette même écoute qu'il faut pour garder un rythme, en tenant compte des harmoniques déjà acquises, peu à peu un autre rythme se créée et le chant s'en trouve soudain plus riche et plus profond. L'arbre devient la maison de l'oiseau et un élément du village comme tous les autres. Tous rayonnent à l'Unisson et Unis vers la Même Joie, la même Lumière de vie, matin comme soir, hiver comme été, dans l'opulence et la pauvreté.

Dans notre dernier exemple, ce sont-là comme des promesses lors d'un mariage qui se font et qui s'expriment ; le couple Homme et Vivant sont une célébration à la fois d'un amour unique et de celui porté à la communauté, la nature et l'univers tout entier.

Voyez-vous cher lecteur, chère lectrice, parler d'un *Réel* dans ces conditions reviendrait à être capable de cristalliser au vol quelques notions au sein de la partition vivante qu'est l'éternité et de pouvoir venir les y inclure, toujours dans cette partition géniale, à n'importe quel instant où elle se joue...

C'est quand même fort, vous ne croyez pas ?

Un Temps - Numéro 3 Janvier 2019 — La Réalité

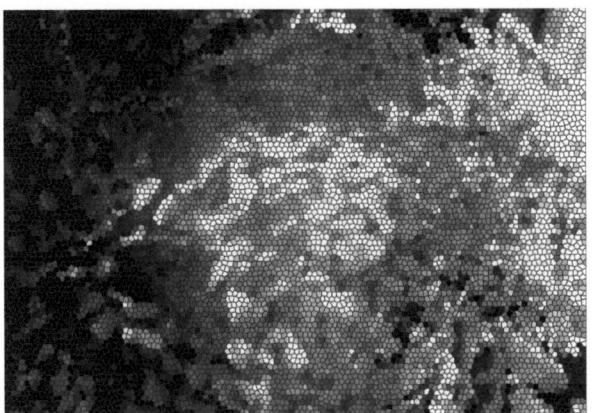

La mosaïque n'a de sens que de loin, et elle n'est même pas fractale... Infographie Eclosion.

C'est impossible soyons honnête, c'est vraiment impossible. Et quoi que disent la sociologie ou la psychanalyse à ce sujet, je vous conseille pour votre équilibre de ne pas vous y attarder plus que ce qui est nécessaire pour votre culture scientifique. A moins que l'on regarde ce problème d'un autre point de vue. Celui des SILENCES…

Eh oui, je ne sais pas par quelle pirouette j'ai encore retourné le bidule mais c'est effectivement ça la solution : le Silence.

En musicologie, le Silence et son soupir sont les deux seuls éléments qui sont à la fois universels à tous les rythmes mais qui peuvent aussi venir s'y inclure sans perturber de façon trop gênante l'harmonie du reste de la mélodie.

C'est pour cela qu'il reste à mon humble avis la notion de départ la plus fiable et la plus véridique à toute investigation ayant à cœur de percer les secrets et ils sont nombreux, de la Réalité.

Dans cette brève introduction chamanique nous avons vu sans même nous en rendre compte ses Nobles Fondements : Le Silence et le Rythme.

Mais les Maîtres du rêve et de la Réalité, les Chamans m'ont appris que le Réel était avant tout le Ray-El c'est-à-dire de la Lumière qui se colore à travers l'Homme Sorcier. Alors je vous ferai grâce, à ce sujet, de toutes les légendes très bariolées, très abondantes, très riches et qui sont les trésors toujours vivants de nombreuses communautés encore à présent. Mon objectif n'est pas de dénigrer, la ligne écrite plus haut vous l'ayant bien fait comprendre. Je souhaite venir au Réel pas seulement en tant que Chaman mais aussi avec le regard toujours oblique du Chercheur.

J'aime les Silences, la Musique Tribale, les contes et légendes des merveilleuses civilisations pas, pour le coup, disparues mais des minorités dont personne ne parle et donc que tout le monde laisse mourir par péché d'indifférence.

Je suis un homme de la Parole, du Verbe Ancien et Créateur, et j'aimerai humblement pour peut-être comprendre un peu plus concrètement ce qu'est le Réel me pencher sur une de ses autres fondations et pas des moindres : le langage de la Lumière. Ce que certains Alchimistes ont nommé un peu trop vite, la langue des Oiseaux.

Et la Lumière nous le verrons n'est pas forcement non plus cette belle petite lumière que l'on voit parfois au bout d'un tunnel. Mais les auteurs et spécialistes d'*Un Temps* ont écrit d'ailleurs brillament sur le sujet dans le numéro 2 du présent support.

Alors entrons dans un champ restreint de Lumière en disant un gros mot :

Épistémologie
nom féminin
DIDACTIQUE
• 1. Étude critique des sciences, destinée à déterminer leur origine logique, leur valeur et leur portée (théorie de la connaissance).
• 2. Théorie de la connaissance ; « étude de la constitution des connaissances valables » (Piaget).

Mais nous n'allons pas nous embêter avec les définitions pour notre objet : éclairer le Réel. nous allons dire qu'un peu comme au *Scrabble*™, nous allons déplier, définir d'abord un large éventail de ses rayons ; R-é-e-l ...

C'est une mauvaise farce car dé-plier c'est dé-finir. Comme une orange qu'on épluche, épluchons le Réel.

Pourquoi écris-t-on Réel comme cela ? Mes Maîtres m'ont, il y a longtemps, enseigné que toute l'histoire d'une civilisation, sa plus ancienne Réalité était contenue dans le langage par le prolongement du Verbe qui l'a écrit.

Ce mot très court aurait-il alors un sens caché ? Alors c'est la Lumière de l'archéologue du langage qui s'allume en moi comme s'allume parfois une étoile ou le cœur d'un enfant. Il semblerait que le Réel soit devenu ici en l'espace d'un instant un véritable défi pour un petit mais aussi un vrai Héros ; l'Homme connait-il le monde, l'Univers qui l'entoure ?

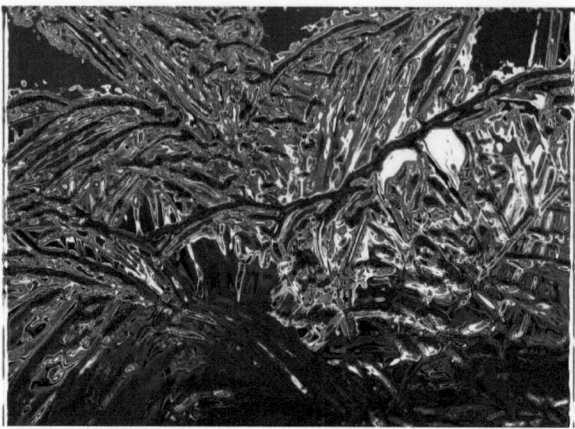

L'épistémé repose sur la racine épi, embranchement, bifurcation... Elle explique et fouille des sous-domaines, et la philosophie moderne s'y est condamnée, la pauvrette. (ndlr)   Photo et infographie Eclosion.

Ah ah ! ça c'est une véritable et grande question qui n'a de sens que si on accepte le défi. Un défi qui prend souvent toute la vie, c'est-à-dire l'existence qui en certains aspects lorsque l'individu acceptant son destin illumine le ciel comme un grand rayon de Lumière. Comme le ferait un arc-en-ciel.

Ray-On/Ray-EL : Le Ray de nos amis anglo-saxons va nous être d'une grande utilité dans notre quête car il nous place dans son référent étymologique au centre de la Lumière et donc du Réel.

Un peu comme une paire de Ray X Ban, la notion même de passer quelque chose aux rayons X comportera la sous-notion essentielle de « rayon ». Comme la manifestation particulaire d'une Lumière autonome essentielle associée au Soleil physique.

Vers une tentative de définition du Réel.

Le Réel est un concept suggestif. Il représente tout ce qui s'imprime dans le champ de la conscience et qui semble adopter des rapports de cohérence entre les individus conscients. C'est un concept qui se caractérise également par sa nature plurielle et qui étant conventionné par un individu ou un groupe d'individus comme par exemple pour les notions d'identité personnelle ou culturelle, ne saurait donc revêtir un caractère absolu.

Pour un aborigène d'Australie et un citoyen Français par exemple le Réel n'est pas vraiment le même, ou est diamétralement différent. Oui, le défilement des différents Réels ne les placent pas forcément dans un état d'opposition et nous verrons pourquoi des Réels peuvent être différents et non s'opposer ou même se faire la guerre.

Pachamama ma mère la Terre parle : Et si les Réels étaient des regards, des couleurs qui sont venus au matin du monde s'imprimer sur la terre à travers les Rayons des anneaux luisants d'un Grand Serpent ailé ?!

Le Réel est en rapport avec la Lumière ; première essence de la vie et ses Ray Ion, s'imprimant dans la Conscience, dans la Psyché de l'Univers comme ces Rayons s'impriment sur le monde dans lequel nous vivons comme des projections toutes cohérentes mais à chaque fois différentes et dont à la croisée de tous ces possibles se trouverait l'essence de la Vie. Jamais allumée, jamais éteinte, au-delà de toute saisie. C'est-à-dire l'éternité qui nous éclaire, qui nous fonde et qui nous nourrit et surtout qui nous regarde. Une source jaillissante de Vie Eternelle.

Ce qui va alors s'imprimer dans un Rayon du Réel va dépendre d'un support qui n'a pas d'autre rôle que de manifester sa couleur à sa surface. Pour ce qui nous intéresse nous prendrons comme support, le Monde. Et nous en revenons alors à notre bonne vieille introduction chamanique, ses rythmes qui sont son fondement, c'est-à-dire ses lieux, ses cultures, ses époques, ses civilisations, ses histoires. Oui ses histoires, car l'histoire n'est pas une notion absolue au sens phénoménal du terme lorsque l'on entre dans les particularités communes des Rayons.

Pour un aborigène d'Australie et un citoyen Français par exemple le Réel n'est pas vraiment le même, ou est diamétralement différent.

C'est un concept effectivement complexe qui nous demande d'être nous-même éclairé par la Lumière qui a donné naissance à celle que nous regardons, c'est-à-dire la Science du Sacré, celle du Vivant, la Gnose.

Et cette Lumière-là cher lecteur, chère lectrice vous emmena bien plus loin que n'importe quelle phénoménologie.

Nous avons avec le Rayon cette image du Soleil et de sa Radiance. Un peu comme un disque qui diffuserait sur une surface plane et escarpée, ses Rayons qui en fonction du sol qu'il rencontre, de l'angle ou il frappe celui-ci donnera un Réel d'une coloration bien particulière.

En allant faire un tour sur le site de l'institut C.G Jung de France, nous tombons sur cette définition et comme nous parlions de phénoménologie, cela tombe même plutôt bien :

Aïon – Recherche sur la phénoménologie du soi
Publié le 30 avril 2006
Volume 9-2
000284 – Le moi. (1951)
In Jung, Collected Works of C. G. Jung, Vol.9, 2ème partie, 2nd ed., Princeton University Press, 1968, 333 p (p. 3-7). (§1-12) & Jung, AÏON, Albin Michel, Paris, 1983, 334 p., (p. 15-19), (§1-12)

...Etude des concepts du soi et de l'inconscient, dans leur relation avec le moi... Le fondement somatique et psychique du moi contient des facteurs conscients et inconscients. Il y a trois niveaux de contenus dans l'inconscient : ceux qui peuvent être évoqués volontairement (souvenirs), ceux qui ne peuvent pas être évoqués volontairement mais qui peuvent se manifester involontairement, et ceux qui ne peuvent jamais se manifester.

Des précédentes discussions, il ressort que le moi est le centre de la conscience mais non celui de la personnalité ; il n'en est qu'une partie et donc inclus dans elle. Il est plus juste d'appeler ce centre de la personnalité : « le soi ». On considère que le moi se forme à partir de l'interaction continue des expériences intérieures et extérieures de l'individu. Ses caractéristiques sont propres à chaque personne, mais ses éléments sont communs à tous.

...Etude des capacités de changement et de développement individuels au cours du temps... Enfin, évocation et description de l'inconscient collectif comme une subdivision du contenu hors conscient de la psyché.

Pour Jung, père de la *psychologie Transpersonnelle*, le Soi est un peu comme la Lumière Solaire et le moi son Rayon dépendra, comme vu, davantage de la particularité du terrain qui le reçoit et de ses zones d'ombres que l'on nomme ici l'inconscient (ce qui ne peut ou qui n'est pas saisi). Car tout ce qui s'incarne en ce monde comporte par la nature et l'angle sous lesquels la Lumière l'atteint, une part d'ombre à laquelle il faut avoir accès afin de pénétrer le plus possible le champ global de ce que nous nommons communément la Réalité. Lorsqu'il y a enfin symétrie entre la Lumière et l'ombre portée, alors il y a un processus d'intégration que Jung appelle l'Individuation c'est-à-dire que la Conscience incarnée par l'individu communique ainsi parfaitement avec les deux versants de son Réel. Devenant l'expression quasi-parfaite de sa Lumière.

...cela nous conduit alors peu à peu à voir le Réel comme l'exposé formel d'une plus ou moins bonne poésie.

C'est la rectification de l'angle sous lequel son corps va recevoir la Lumière qui va lui permettre de s'incarner. Oui, s'incarner, comme nous le livre le mythe chrétien. En fait l'incarnation de la conscience, ici en terme psychanalytique, l'individuation est un processus qui fait que la conscience s'incarne dans un corps ou plutôt un en-semble de corps contenu dans un rayon, un champ d'action limité, lorsque ses différents corps ou pôles sont dans un axe parfaitement aligné. C'est ça le sens de la Croix pour les Templiers initiés c'est-à-dire les Bâtisseurs de Cathédrales : l'axe parfait entre le haut et le bas, entre la verticale et son horizontale. C'est à la réunion de deux principes sous un axe parfaitement droit que s'incarne, qu'est capturée la Lumière.

Le Graal n'est donc qu'un cube créé par la réunion de l'axe horizontal et vertical du monde et ayant reçu la Lumière sous un angle parfaitement droit, a toujours conservé son éclat. Les miracles que produisent ce processus d'individuation a des échos, il est vrai, dans les mystères des chimériques Rose+Croix.

Le Réel dans l'iconographie religieuse c'est le Rê Elohîm c'est-à-dire la Divinité Solaire et ses Anges sous l'expression bien sûr d'un Amour et donc d'un pluriel. Quand vous verrez un paon, sachez qu'il correspond à un prophète nommé Adam. Oui ce magnifique volatil(e) est la parfaite incarnation de cet archétype ; autre nom d'un Rayon du Réel.

La Lumière

Du point de de vue de l'observation, ce qui est fondamental, c'est que la Lumière a cette capacité que nous autres n'avons pas, c'est-à-dire de sortir d'elle-même. Enfin quand je dis que nous n'avons pas cette capacité, c'est en oubliant peut-être un peu précipitamment que la naissance, c'est-à-dire la natalité, est une substitution à la beauté de la Lumière des corps que jadis nous avions et qui resplendissaient les uns dans les autres. Et malgré

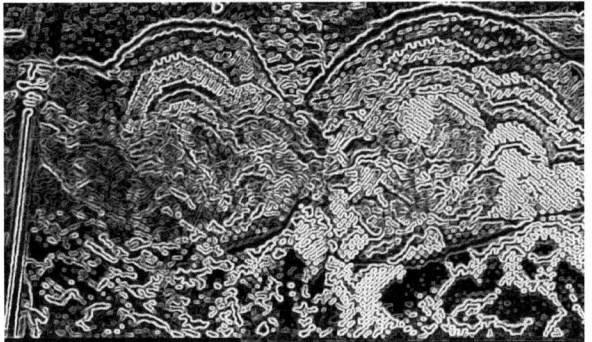

En Kabbale, L'esprit d'Adam (existant avant Adam), s'est *réincarné* en Moïse (ndlr). Photo et infographie Eclosion.

tout l'état de notre nature, celle-ci par la reproduction, nous a rendu cela comme un rayon également de Lumière incréé ou à demi incréé.

C'est le principe simple des étincelles et des morceaux de magma (roche liquide en fusion) qui coupés ou plutôt désaxés de leur source finissent par refroidir. Si le fragment, l'étincelle, le symbole de cette Lumière est sorti de son axe :

Il faut en retrouver le sens et donc la Lumière. Ou alors il voit (ce fragment) sa communion avec le principe vital se couper et donc il se refroidit et meurt. C'est là une définition un peu moins poétique de la chute d'Adam et du renvoi du Jardin d'Eden. Le Jardin est toujours là, mais dans l'obscur, c'est à dire une zone qu'il va devoir désormais extraire comme le charbon d'une mine, qu'il va devoir enfanter dans la douleur de sa propre ombre.

Toute punition divine est une occultation temporaire qui va permettre à une autre Lumière de percer, et c'est là une épreuve que notre Aion va devoir accepter tout au long de sa quête vers

Une fenêtre laisse entrer la lumière, mais elle ne donne qu'une vision partielle de la réalité.   Photo Eclosion.

son axe d'individuation, là où il sera enfin dans l'axe du Soleil. Et il pourra incarner la Lumière en plein jour.

Si le Ray est cette source lumineuse qui nourrit tous les rayons, toutes les notes du panorama, de la partition du Ray-El, alors El est la Figure, le Prisme, la Montagne qui est traversée par la Lumière Ray. Les deux agents s'articulent selon un ang(l)e qui convient à chacun et qui n'est pourtant pas identique : l'un étant horizontal et l'autre vertical, comme le triangle carré de la pyramide. Alors sous cet angle droit commun, la Figure est lumineuse et parfaite; et reflète à l'infini l'infinité parfaite de tous les Réels en un même principe.

L'étincelle de Lumière : L'Aïon.

Comme nous le livre l'Évangile par la théologie négative, apophatique :

Le Père et dans le Fils, le Fils est dans le Père mais le Fils n'est pas le Père.

Et si on reprend notre analogie entre le feu et l'étincelle ce faux problème théologique prend tout son sens. Ainsi si le Soi, le Lumière, la Conscience tend à s'incarner, elle n'est pas Dieu, le Père pour autant. Il peut demander ce qu'il veut au Père mais il est dans son axe dont il ne fait que ce que le Père lui demande ni plus ni moins.

L'Aïon de Jung est comme un diamant qui, lorsque la Lumière le traverse, si bien qu'il est illuminé de tous les côtés exactement, est à la bonne place dans une parité exacte entre son ombre et sa luminescence. Lui ne pourra peut-être pas saisir l'ensemble du spectre solaire du Réel mais il est capable de lire ses rayons. Vu qu'il est à la bonne équidistance entre toutes choses.

Dans la tradition, les rôles de l'Adam sont d'entretenir l'Eden en lui donnant des Noms, des couleurs. C'est le tissu de sa pensée qui donne naissance à la réalité qui l'entoure.

La Torah Juive, La Ro-ta, la Roue de la Loi, nous livre, dans un accès de poésie toujours génial : « le Soleil se lève sur le juste et le méchant » C'est ensuite à chacun de la voir à travers les prismes que nous sommes. Dans les ombres, les couleurs, les langages et les noms que nous lui donnons.

Vous voyez que cela nous conduit alors peu à peu à voir le Réel comme l'exposé formel d'une plus ou moins bonne poésie.

Dans la tradition, les rôles de l'Adam sont d'entretenir l'Eden en lui donnant des Noms, des couleurs. C'est le tissu de sa pensée qui donne naissance à la réalité qui l'entoure. C'est de son regard que dépend tout ce qui est perçu comme Réel, ce qui n'est pas reconnu comme perçu étant dans l'ombre, se manifestant sous la forme de l'insolite, du questionnement ou de l'épreuve.

L'Aïon est dans la Lumière et il peut la faire descendre dans l'ombre pour venir l'informer et y puiser les moteurs de sa propre évolution. Il connait son ombre, la voit et la respecte pour ce qu'elle est.

Il est un peu médecin, un peu Chaman, un peu poète, un peu philosophe : Etant, comme nous l'avons déjà dit, tout à fait centré en toute chose. Son champ de vision étant toujours éclairé de tous les points de vue nécessaires.

Et en cela s'ouvre pour nous une conclusion qui apparait comme une boucle temporelle au sein même de ce présent article, parce que le Réel apparait comme une quête aux accents, aux motifs et aux couleurs multiples – mais pour le coup intemporelle – d'un Rayon de Lumière qui recherche sa Source, c'est-à-dire qui IL est.

Tout ceci en se confrontant à qui Il n'est pas vraiment ou pas encore, c'est-à-dire son Ange ou son ombre.

Ce rééquilibrage de l'identité de la Lumière par son incarnation dans un corps qui parle, qui danse et qui chante le Verbe est bien sûr ce même travail qu'ont confiés les Rayons au Chaman.

Il est un peu médecin, un peu Chaman, un peu poète, un peu philosophe : Etant, comme nous l'avons déjà dit, tout à fait centré en toute chose.

Le Réel par l'intégration de la Lumière ne devient plus une Réalité subit mais une thérapie. L'Aïon étant une sorte de Sorcier Messie Universel dont la nature même est de redonner sa rectitude d'impact à la Lumière dans les corps qu'elle traverse. C'est parce que tous les rayons de

Mur végétal en cours de réalisation à Islington (Londes) : la beauté surgira de ce qui pour le moment est autre chose.   Photo Eclosion.

la Lumière convergent vers son centre, son Angle droit qui est pour l'Alchimiste la Pierre Philosophale, que se produit l'incarnation.

C'est là où, comme pour la naissance d'un autre Soleil, que la Lumière est ravivée, qu'elle est perçue, puis tour à tour contemplée, puis intégrée. C'est un véritable périple de Héros, une quête qui, comme tout bon voyage, peut être bien sûr préparé ou alors même encadré.

C'est que le Réel, pour être traversé de la sorte, demande ce que l'Occident a perdu, c'est-à-dire l'initiation. Surement, Jung aura précisé que le processus d'individuation et donc d'incarnation du Soi ne s'apprend malheureusement pas dans les livres, aussi brillants soient-ils. Et c'est tout le drame de la tradition écrite par rapport à la Tradition orale, car la Lumière a curieusement tendance à devenir un enfer lorsqu'elle est victime d'une tentative d'enfermement dans un seul rayon.   **Yoann Lamant**

UNE CERTAINE RÉALITÉ CHINOISE...
Cette fameuse Réalité illusoire, selon les orientaux ?
Eulalie Steens - Écrivain, Sinologue

Avant de tenter toute évocation du concept de Réalité en Chine, interrogeons-nous sur l'idéogramme qui le définit.

Sachant que tout idéogramme peut avoir divers sens, en fonction de sa place dans la phrase, l'idéogramme qui traduit « Réalité » est *shi*. Son étymologie visuelle ancienne montre une série de pièces de monnaie placées sous un toit. Son étymologie moderne, dite en caractère simplifié, est une tête sous un toit. En tant que nom, il possède deux sens :
1. réalité, fait.
2. fruit, graine.

En tant qu'adjectif, il signifie aussi :
1. solide
2. vrai, réel.

Le mot chinois pour parler de Réalité est, on le voit, on ne peut plus prosaïque. Il fait référence à quelque chose de bien tangible. Cette Réalité existe donc dans l'esprit chinois par un concept qui renvoie à une forme matérielle : la monnaie, chez soi.

Mais comment évoquer cette réalité sans commencer par Confucius ? Confucius, est né en - 551, au pays de Lu, au temps de la dynastie Zhou. Une époque difficile où les luttes locales régionales de pouvoir faisaient rage. Chaque petit pays avait à sa tête un Duc, ne rêvant que d'agrandir son pouvoir.

Maître Kong, Confucius, fut, précisons-le, un homme politique au sens où il désira s'engager dans une réforme de la société. Sa grande culture, en autodidacte, le fit remarquer de ses contemporains. Il s'entoura assez vite de disciples désireux

---

Lao Zi n'expliquait-il pas que le féminin l'emporte sur le masculin, le yin sur le yang, le souple sur le dur, et la mer sur la falaise ?

---

eux aussi d'apprendre. Point important, il fut le premier à conduire d'autres personnes vers une réflexion intellectuelle. On peut se poser la question de ce que pouvait penser Confucius de la Réalité.

Confucius prenait pour principe de base que l'être humain avait le devoir de se perfectionner sans cesse. Par l'étude, il pouvait donc s'améliorer lui-même. Pour Confucius, un souverain devait faire rayonner sa vertu (*dé*) autour de lui. Il devait cultiver l'humanisme (*ren*). Grâce à cette action bienfaisante, il pouvait améliorer par

Paysage, Chine, signé Tuigu / Sun Chengze (1592 - 1676). Encre et pigments sur papier, 32 cm x 45 cm. L'inscription indique que Tuigu (Sun Chengze) exécuta cette réplique d'une œuvre du Vieux Yunxi (Cao Zhibai, peintre célèbre de la dynastie Yuan, 1279-1368), dans la maison du Mont Zishi, le jour de la Fête du Double 5 (cinquième jour du 5ᵉ mois du calendrier agricole), de l'Année du Tigre de Bois (soit 1614... ou plus probablement 1674). photo : M-C Daffos /aaoarts

contre-coup son entourage, et, au-delà, la société toute entière. Cet homme exemplaire est un prince, un homme de bien (*junzi*), au sens moral du terme. Agir, s'engager, dirions-nous maintenant avec nos mots modernes, était un principe de base chez Confucius.

Et surtout, savoir accorder ses paroles à ses actes. Son chemin, son Dao (Tao) à lui, se

Shi, la réalité en chinois.   Idéogramme Eulalie Steens

référait à suivre la voie des anciens sages qui régnèrent dans une antiquité lointaine. Inutile de préciser que Confucius ne trouva jamais un prince digne de ce nom.

A contrario, son contemporain, Lao Zi « Le Vieux Maître », chef de file des philosophes que l'on appellera un peu plus tard les Taoïstes, prônait le non-agir (*wu wei*). Non pas ne rien faire mais bien une non-action active qui demande de se couler dans le mouvement des choses.

Agir est une forme d'acte de violence, ne pas agir est un point de vue plus pacifique qui vise à harmoniser les choses et à laisser s'épanouir le Dao. Lao Zi n'expliquait-il pas que le féminin l'emporte sur le masculin, le yin sur le yang, le souple sur le dur, et la mer sur la falaise ? Car, selon la célèbre idée de Lao Zi sur le vide et le plein, c'est aussi par rapport au vide que les choses existent.

Ce que l'on ne voit pas, permet de mettre en valeur ce que l'on voit. Une roue fonctionne non pas à cause de son moyeu et des rayons qui y convergent mais par le vide qui existe entre les

---

Lü Dongbin écoute Zhongli Quan lui expliquer les mystères de la vraie vie : se détacher du monde.

---

rayons ; un vase d'argile n'a de fonction que par le fait qu'il est un contenant, donc un réceptacle de vide. L'inutile, summum de l'utile. Une vision très paradoxale des choses et de la Réalité.

Toutefois, le paradoxe pousse très loin, car il a, d'un certain aspect, un point commun avec Confucius : quand Confucius explique que le souverain doit prendre image sur l'action de l'Etoile Polaire, immuable sur son axe, il devient centre du monde à la vertu rayonnante.

L'action de Confucius devient ici taoïste. Et la non-action de Lao Zi peut se dire confucéenne. Peut-on agir vraiment sur la réalité des choses ou bien doit-on laisser la réalité des choses se mettre en place par l'exemple ?

Dans cet ordre d'idée de la non-action, on connaît cette célébrissime histoire, où Réalité et non-Réalité se mêlent et s'entrecroisent... C'est le « *Rêve du millet jaune* », laquelle est devenue une pièce de théâtre sous le pinceau de Ma Zhiyuan (XIIIe / XIVe siècle).

Elle met en scène Lü Dongbing. Celui-ci était un jeune homme ambitieux se promettant de se présenter aux examens impériaux. Pour ce faire, il voyage jusqu'à la capitale.

En chemin, il fait halte dans une auberge. Il y rencontre le maître taoïste Zhongli Quan. Tandis qu'il attend son bol de millet jaune, Lü Dongbin écoute Zhongli Quan lui expliquer les mystères de la vraie vie : se détacher du monde.

Peu convaincu, Lü Dongbin s'endort… Comme le millet tarde à cuire, il quitte l'auberge. Il parvient à la capitale, réussit ses examens, devient un haut fonctionnaire, noue un riche mariage. Nommé chef d'une expédition militaire contre les barbares, il s'éloigne de sa famille. Son épouse prend un amant, fils du Premier Ministre.

A son retour, furieux, Lü Dongbin tente d'assassiner sa femme. On l'arrête et on l'accuse d'avoir pactisé avec l'ennemi. Condamné à l'exil, il répudie son épouse mais garde ses deux enfants. En route, une tempête de neige l'oblige à demander refuge à une femme. Celle-ci le met à l'abri mais le prévient : son fils est un affreux ivrogne qui n'hésite pas à tuer lorsque l'alcool embue son esprit.

De fait, l'homme rentre à la maison, et, voyant les enfants, refuse de nourrir ces bouches inutiles. Il les kidnappe et les jette dans un ravin. Lü Dongbin, aveuglé de rage, se rue sur le meurtrier. Ils se battent. Lü Dongbin bute sur une pierre et hurle de terreur… Il se retrouve dans une auberge, un bol de millet jaune fumant

L'âme immortelle du taoïste. Image du domaine public figurant dans "Le secret de la Fleur d'or."

devant lui. Éveillé, il comprend que tout cette vie futile n'était qu'un rêve, d'autant que Zhongli Quan connaît les moindres détails de son horrible cauchemar. Lü Dongbin, saisissant la vanité du monde, abandonne ses projets et suit Zhongli Quan, qui le mène à l'Immortalité.

Lü Dongbin est devenu un célèbre Taoïste. On le classe dans le groupe des Huit Immortels du Taoïsme. Il serait né sous la dynastie Tang, à la fin du VIIIe siècle. Il fut le disciple du Maître Zhongli Quan. Dans l'iconographie, on le représente avec une épée, dont Zhongli Quan lui apprit le maniement. L'arme au poing lui permet d'éradiquer ignorance et désirs. On racontait que, à 100 ans, son visage ressemblait à celui d'un jeune homme.

Quant à Zhongli Quan, lui aussi un des Huit Immortels, il est souvent représenté grassouillet, la robe échancrée sur un ventre nu. On le reconnaît à l'éventail qui lui sert à ranimer les âmes des morts.

Un peu plus tard dans le temps, lors de la période des Royaumes Combattants (403- 256), lorsque le roi de la dynastie Zhou n'a plus qu'une présence théorique, que les Ducs se livrent bataille entre eux, n'hésitant pas à prendre le titre de roi, les idées intellectuelles foisonnent. L'on n'a jamais autant connu de philosophes exprimant leurs idées.

Une pensée émerge alors, le Légisme. Elle émane souvent de ministres ou de conseillers politiques, qui ont laissé des textes, comme d'autres avant eux. Guan Zhong, au VIIe siècle, en fut le pionnier. Il était ministre du pays de Qi et il eut l'idée de transformer les paysans en contribuables individuels : finies les corvées, mais obligation de verser une partie du grain moissonné. L'impôt naquit. Les commerçants et les artisans sont mis à l'écart, car leurs richesses leur apportent le confort... Et le confort n'incline pas à travailler. L'idée d'ensemble fut de forger un concept de gouvernement basé sur la loi (*fa*), « Loi » entendue comme norme de gouvernement.

Oubliés les anciens rites, chers à Confucius. Et c'est Shang Yang, qui en - 359, injecte les idées nouvelles au pays de Qin. Car l'objectif des Légistes est non seulement de créer des lois mais aussi de les faire appliquer en mettant en place un système de récompenses et de châtiments. Le souverain devient donc un despote et gouverne par la peur. Le but n'est pas d'améliorer la qualité de vie des gens mais d'enrichir l'État. Et c'est grâce à ce moteur que le roi de Qin unifiera la Chine en - 221, se proclamant empereur sous le nom de Qin Shihuangdi. Celui-là même qui sera enterré dans cette tombe gigantesque avec ses soldats en terre cuite. Avec les Légistes, on entre en plein dans la *Réalité*. S'ils surent inventer le

---

Mais la grande question fut la suivante : comment transmettre la pensée du Bouddha ?

---

concept d'État, ils furent un peu oubliés face à leurs grands concurrents confucéens et taoïstes. Quoique, en matière de dictature, il semble bien qu'à travers l'histoire chinoise, leur pensée s'avança masquée et sous-jacente...

Ainsi, la Eéalité ne peut apparaître pour les Chinois selon l'opposition occidentale du « vrai et de l'illusoire. » La réalité est pour eux une combinaison de praxis (la pratique), d'opérations, de mouvements, donc de procédés techniques, et d'une conception du geste ou même du rite, selon une conformité qui assurera la validité de cette même Réalité. Penser la Réalité et y participer sont donc une seule et même chose, et si la Réalité est fautive, c'est parce qu'on l'a mal pensée. Cependant, des doutes iront se glisser dans ce bel ordre, avec l'arrivée du Bouddhisme.

Le Bouddhisme apparut en Chine au 1er siècle, avec la création du *Baima si*, le Monastère du Cheval Blanc, sis à Luoyang (la capitale de l'époque).

L'Empereur de la dynastie Han, Mingdi, rêva une nuit qu'une sorte de divinité en or planait au-dessus de ses palais. Convaincu par ses conseillers qu'il s'agissait de celui que l'on nommait le Bouddha (un contemporain de Confucius), il fit envoyer une ambassade vers l'ouest pour recueillir la bonne parole. Les envoyés revinrent à Luoyang sur un cheval blanc en compagnie de deux moines indiens, Kashyapa Matanga et Zhufalan.

Il rapportèrent de nombreux manuscrits dont le *Sishier chang jing* « Sutra en quarante-deux-chapitres ». Ils ne revinrent jamais chez eux et leurs tombes se situent dans le monastère qu'ils avaient fondé.

Mais la grande question fut la suivante : comment transmettre la pensée du Bouddha ? Les mots sanskrits peuvent-ils être transcrits en chinois ? De quoi parle-t-on exactement ? Faut-il mettre en vigueur la fameuse rectification des noms *zheng ming*, tant demandée par Confucius ? Avec ce jeu de mots sur *zheng* « rectifier » et *zheng* « gouverner ». Ce *zheng ming* qui était la première chose à faire, selon Confucius, dès que l'on prenait les rênes du gouvernement.

Dans l'idée que ce qui s'explique clairement s'exprime clairement, et que chaque mot à un sens précis. Ce qui... clarifie la pensée et les actes inhérents. C'est ce qui implique que, dès le IIIe siècle, les groupes de traducteurs se mirent en place, entre lettrés chinois et érudits indiens ou d'Asie Centrale. On traduit comme on peut et on traduit plutôt en expliquant, puis on choisit le mot chinois adéquat par rapport à la pensée élaborée en sanskrit. Un des plus célèbres d'entre eux fut An Shigao, roi parthe, qui avait abdiqué pour se faire moine, et qui parvint à Luoyang autour de 148. Il resta vingt ans en Chine.

Bouddha du Royaume Khasa-Malla (Népal/Tibet), ca XIVe siècle, bronze doré.   photo : M-C Daffos /aaoarts

On rappellera que le Bouddhisme est basé sur l'Eveil (*bodhi*). Shakyamuni ayant constaté que la vie est souffrance, et que tout était illusion (*mâyâ*), se mit en quête de trouver un moyen pour obtenir le salut. Le but fut de chercher à échapper au cycle des renaissances successives (*samsara*). Ces renaissances dues aux *karma*, actes effectués

Bouddha, Inde Pala ou Tibet, ca XIIe siècle, bronze doré avec traces de peinture.   photo : M-C Daffos /aaoarts

par la personne, lesquelles déterminent ses vies à venir. La solution ? Supprimer le désir par la tenue morale, la méditation, la sagesse.

Cette suppression du désir est renforcée par l'assertion que ce que l'on désire est illusoire. On retrouve ici une arme dialectique héritée de l'Hindouisme elle aussi (comme le *Samsara*). Car

Qu'est devenu le blanc de la neige redevenue eau ?

en fait, toutes les perceptions sont mensongères et le Réel devient fondamentalement illusoire (bien que cette conception soit relative dans le Mahayana, et absolue dans l'Hinayana).

Heureusement, ce volet du « doute triomphant » n'eut pas tant d'échos en Chine, peut-être parce que Confucius avait déjà établi qu'il est inutile de parler de l'incertain.

Le Bouddhisme fut presqu'un choc pour les Chinois. Jamais il n'avaient entendu parler de notions aussi radicalement différentes de leur pensée traditionnelle.

La seule solution qu'ils trouvèrent pour les expliquer fut de faire appel à des termes issus du Taoïsme. En effet, par exemple, le principe de la réincarnation leur posait un grand problème : y avait-il un lien avec l'immortalité de l'âme dans le Taoïsme ?

C'est ce qui explique pourquoi tant d'Écoles prirent forme, en se divisant en diverses ramifications. Les Chinois digèrent donc le Bouddhisme sous une forme spécifique : le *chan*, « contemplation méditative » ; laquelle n'est autre que la traduction du sanskrit *dhyana*, et que les Japonais traduisirent par *zen*. Et c'est par cette méditation, que l'on obtient l'Illumination.

Une des grandes techniques du *chan* est de faire usage du *gong'an* (*koan* en japonais), une sorte de paradoxe posé par le Maître et que le disciple doit résoudre. Un des plus connus d'entre eux est celui où le Maître interroge : « Quel est le bruit d'une seule main qui applaudit ? ».

Avec le Bouddhisme, les Chinois entrèrent dans un autre monde, bien loin de la Réalité des choses.

Eulalie Steens

LE GOUVERNEMENT PAR LE MENSONGE

Réalité et vérité, ou quand le Pouvoir organise la Réalité, à son propre illusoire profit...

Michel Barster - Utopicien

Pour beaucoup d'entre nous, le Réel, c'est ce qui est vrai. D'ailleurs, les premiers physiciens étaient en fait des philosophes, des spécialistes du vrai. L'inverse du vrai, ça n'est pas vraiment le faux, mais ce sera plutôt ce qui le porte dynamiquement, l'intention de mensonge, car en lui même, le faux n'a jamais grande puissance.

Ainsi, autant le vrai attend ses énoncés, ses célébrations, ses mises en œuvre, autant le mensonge s'étend pour tenter de s'emparer des prérogatives du vrai, et il le fera en manipulant la vérité (les apparences du vrai, c'est à dire la Réalité). Un mensonge réussi, invisible, comme par exemple un crime parfait, c'est celui dont ne subsiste plus nulle trace évidente de fabrication. Vous voyez l'enjeu : dans un monde hyper-communiquant, mais aussi hyper-puissant (matériellement), un mensonge bien soutenu qui peut changer les Réalités devient un jeu tout à fait inquiétant et déroutant. Partons faire un état des lieux de l'empire du mensonge, et nous tenterons ensuite, vous et moi, ami lecteur, de dégager quelques possibilités positives.

La Réalité publique faussée du Gouvernement par le mensonge

« Le peuple sait qu'on lui ment » déclara Anaximandre (610-546), un philosophie ionien contemporain – à quelques années près – de Thalès, Pythagore, ou Anaximène. Cette affirmation ne fait que relever une des premières traces d'une des prérogatives des étages supérieurs des pyramides sociales : il est admis que le "supérieur" pourrait mentir de bon droit à "l'inférieur." Cependant, celui-ci peut en avoir conscience et n'être pas dupe, ne pas collaborer à ce qu'on lui prétend.

On se rappellera aussi que le mensonge lors des procès n'est pas lui-même une faute (à moins de mentir trop grossièrement) en soi. Le mensonge est alors vu comme un outil, un moyen, non une perversion du Réel ou une perversité de pensée.

Très vite, un correctif arriva, avec Platon (428 - 348), qui ajouta en quelque sorte : « Oui, mais le peuple, il aime ça. » C'est en effet tout le sens de son allégorie de la caverne, où des hommes, retenu dans un antre, préfèrent spéculer sur des reflets et des simulacres, et même s'en gaver, plutôt que d'aller regarder le soleil en face.

Bien sûr, sa caverne dystopique (l'inverse de l'utopie) est anti-initiatique, puisque pour les auditeurs du temps (ses dialogues étaient lus en public), le fait d'évoquer de telles projections murales ne pouvaient que rappeler les spectacles des temples mystériques, ou même tout simplement le théâtre, cette forme de liturgie mettant en scène des représentations des dieux et des héros.

Platon admettait que seuls quelques-uns pouvant échapper à la caverne, ceux-ci seraient des philosophes (capable de regarder la vérité en face, et même de lui porter presque un culte) : ipso facto, pour le bien des cités, il conviendrait

---
il existe trois pouvoir de plus : le médiatique, l'économique et, bien sûr, le spirituel

---

que les rois soient des philosophes… A défaut, si les rois ne le devenaient pas, il conviendrait peut-être que les philosophes deviennent rois, déduction. Ceci ne gênait pas Platon, issu de l'oligarchie d'Athènes, cette ville gouvernée par des *Aristoï* (mot qui donnera "aristocrates"), la fameuse démocratie n'étant qu'une palinodie de façade.

Il est amusant de voir que Platon écrivit deux livres politiques (*La République* et *Les Lois*, fait qui amusait Diogène, et l'amenait à brocarder ce doublon) pour parler de règles et d'institutions, alors qu'en suivant sa pensée, et même ses actes (il fonda l'Académie), il fallait en fait créer des enseignements supérieurs prestigieux… Et aussi

se tourner vers le pouvoir spirituel pour en garantir la pérennité… (ce qui n'est pas du tout utopique, ou même illusoire : Eleusis, dont est sorti l'Occident, dura 2000 ans).

Il ne convient pas de présenter ici des faits sur l'économie athénienne, ruinant l'image singulière — et à peu près totalement fausse — qu'on continue de se faire sur sa prétendue démocratie idéale, mais de plutôt insister sur le caractère unique de cette allégorie, en fait un des premiers textes de politique-fiction (tout corps textuel présentant un roi mythique pourrait en fait y prétendre).

Dans le cadre des genres de la Science-Fiction, l'Allégorie de la Caverne appartient à ce que l'on nomme la dystopie, c'est à dire l'anti-utopie, je l'ai mentionné.

Bien sûr, Platon ne tire pas sur la ficelle pour organiser tout un monde fictif démontrant les pernicieuses conséquences de sa mise en scène, mais au fil des siècles, tous les commentaires relatifs à celle-ci l'ont fait pour lui.

Ceci posé, les classes dirigeantes européennes, averties de cette allégorie, purent en déduire un cynisme pragmatique plus ou moins avoué.

Bien avant Nicolas Machiavel (1469 - 1527), les Princes ourdissaient des rouïeries (pratiques relevant de la roue, supplice punissant les associations de malfaiteurs, donc les conspirations) des suspens (évoquant la pendaison) et pratiquaient des noyades de poisson, ou des enterrements de sujets fâcheux, le tout à coup de proclamations mensongères, de tromperies, fraudes

Les voyages de Lemuel Gulliver furent publiés par le satiriste irlandais Jonathan Swift en 1726, à peu près deux siècles après l'histoire du géant Pantagruel (1532), les lettrés anglais connaissant l'œuvre de Rabelais (1494-1553) lui même fort au courant des satires d'Horace (contre l'abus de sexe et de boisson, pour prôner un épicurisme modéré), et quasi un siècle après les massacres de Cromwell en Irlande. Les quatre voyages – nous n'en connaissons en général qu'un, celui du géant, probablement en écho de Rabelais (Golliwog c'est la colique) – distanciés et satiriques de Gulliver sont bien connus dans la culture des Anglo-Saxons, et relèvent en fait, non seulement de la littérature satirique pour adultes – bien sûr –, mais aussi de la Science-fiction (branche politique fiction). Même Walt Disney, ce fossoyeur de la culture européenne, n'a pas trop osé s'y attaquer. Peinture du domaine public, de Jean-Georges Vibert, vers 1870, parue dans le catalogue public de Sotheby's New York, avril 2018.

(l'altération des monnaies n'en étant que le plus visible) et autres trahisons, pratiquées – à défaut d'être permises – parce que somme toute, ils étaient les plus forts.

Les racines du fonctionnement immobile

Ces classes dirigeantes avaient d'ailleurs peu de compte à rendre, puisque l'idée de Démocratie n'existait par contrat que dans quelques rares groupes : des municipalités, des confréries, des syndicats. C'est en fait le Pouvoir Médiatique (alors non identifié, il faut le rappeler) qui au cours du XVIIIe siècle créa une opinion publique se scandalisant des abus de pouvoir.

La force de cette opinion publique n'était pas comprise par les puissants en place, ni encore contrôlée ou gouvernée par ces mêmes puissants, c'est pourquoi la pensée jacobine se référant à l'indignation du peuple est une nostalgie et rien de plus : oui, il y eut une époque ou Une insurrection populaire (manipulée, certes) triompha enfin, au milieu de siècles de jacqueries et insurrections populaires écrasées dans le sang (rien qu'en France, la liste en est fort longue).

Mais il faudra d'abord revenir à la Renaissance, à l'époque de Machiavel, pour comprendre les racines du Pouvoir moderne occidental, et sa survivance nostalgique dans des appareils gouvernementaux qui peuvent être inter-changés, décapités ou modifiés (et *dirigés*) sans que rien ne change au fond.

1) Le concept de *Peuple* n'existait pas, sauf sous forme de ramassis, de grumeaux, d'habitations éparses, non communicantes, ne représentant rien, n'ayant pas d'opinions (et à fortiori l'idée d'en échanger). L'émotion de masse, quand elle surgissait, se guérissait en capturant, pendant ou rouant les meneurs.

2) Le Pouvoir physique fort était entièrement dans les mains des *Puissants*, c'est à dire le haut de l'échelle sociale. Les débats et conflits sociaux, s'ils pouvaient être présentés ou représentés, ne se faisaient qu'à ce niveau, dans une société où il n'existait ni psychanalyse, ni contre-pouvoirs, syndicats réels, associations respectées et respectables, etc.

Une couche plus ou moins représentative, les Magistrats et notables, était censée prendre en compte les avis des masses parfois municipales, ouïr les théories portées par les poètes, enregistrer les doléances préjudiciables à l'honneur des

Nicholas Machiavel (1469-1527) par Santi di Tito (1536-1603). Peinture du domaine public, en circulation anonyme sur internet et conservée à Florence. Tout le monde a commenté Machiavel, comme par exemple Mussolini, qui se fendit d'une préface pour *Le Prince*... Aussi, notre commentaire sera : « Lisez Machiavel, il faisait le même métier que Confucius. » Pour les frissons annexes, revoir la trilogie du *Parrain*, de Francis Ford Coppola, exposant en partie la psychologie du Pouvoir.

Grands, bref faire le relais entre haut et bas (la masse).

3) Les Puissants vivaient entourés de Cours, c'est à dire d'invités dans une maisonnée, laquelle était souvent un Palais plus ou moins fortifié (voir l'architecture des Palais des Medicis à Florence). Pour se rendre utiles, certains des invités prenaient des offices, c'est-à-dire s'occupaient de régenter les gens de maison (les domestiques), c'est-à-dire en fait une classe de fonctionnaires.

4) Les plus grandes Cours des plus grandes maisons européennes s'avérèrent être françaises et autrichiennes (qui furent ensuite copiées par l'administration russe, quasi militaire et portant des uniformes). Les idéologies cachées de ces administrations impériales (il existe des empires confédératifs, souples, et des fédératifs, autoritaires) dont les rouages se perpétuèrent en "Appareil d'Etat" ont été assez mal situées et étudiées. Pourtant ces idéologies souvent viciées perdurent, quelles que soient les apparences, étiquettes et couleurs des "dirigeants" en place – eux-mêmes plus ou moins investis de pouvoir fonctionnel (n'inaugurant parfois que des chrysanthèmes).

5) Sur les problèmes de définition politique des gouvernements et "qui élire", il y a certes des théories sur des changements de société qui permettraient (?) de meilleurs fonctionnements, ou bien sûr des théories sur « comment déjà améliorer ce qui est institué ». Ces dernières théories ne peuvent que se baser sur ce qui a déjà existé, en essayant d'introduire des correctifs : les imaginer

---

L'idée de Démocratie n'existait par contrat que dans quelques rares groupes : des municipalités, des confréries, des syndicats.

---

est en général le labeur des théoriciens constitutionnels (dont les plus connus furent Hobbes, Hume, Montesquieu, etc.)... de nos jours, la sociologie a un peu avancé sur la connaissance des possibilités pour le mieux-être des groupes et populations sociales, et la psychologie a un peu mieux défini ce que sont des attentes ou des satisfactions...

Une idéologie est un enfermement

Machiavel ne fut pas un tournant, ni un pivot, et surtout pas un aveu. Ses recettes de cynisme ne visaient qu'à la grandeur, aux augmentations d'honneurs et de puissances, qui concernaient le haut de la pyramide sociale. Tout de suite après lui, on vit émerger en Europe des spécialistes de la gouvernance, sous la figure des Premiers Ministres, ceci signant le retour en Occident d'appareils d'État sophistiqués, avec des corps de fonctionnaires (des domestiques spéciaux) coiffés par ce nouveau Maire du Palais (on se souvient que ceux-ci, étant arrivés au sommet de la gouvernance, nommèrent des *"missi dominici"* pour rendre compte et administrer, ceci dans les Empires carolingiens – de grosses fédérations de duchés – issus de leurs réussites).

Mais la docilité de l'administration envers le pouvoir, et sa propension à honorer celui-ci, n'est pas non plus une grande nouveauté. En fait, il est impossible de dater les plus Grands Mensonges de la gouvernance européenne, qui devait diffuser ses modèles sur presque tout le globe terrestre (on sait que l'Orient a résisté, dans une certaine mesure, à la projection de ces modèles, puisque les scribes chinois, les Mandarins, étaient une classe sophistiquée de fonctionnaires).

Les plus grands mensonges structurent et charpentent le Gouvernement par le Mensonge, lequel prétend se charger d'organiser la réalité politique (la vie dans les cultures, encore que celles-ci soient devenues peu variantes, la civilisation mondiale ayant renforcé ses standards). Ce gouvernement global est théoriquement divisé en une séparation de "pouvoirs indépendants", l'exécutif, le législatif et le judiciaire, qui ne sont en fait pas indépendants, puisque le Pouvoir agit comme un trou noir ne cherchant que sa propre augmentation (fait qui fut déjà visible dans l'Empire romain). La division en trois "pouvoirs indépendants" est, de plus, tout à fait non exacte, donc fictive, fausse, et entretenue, car il existe trois pouvoirs de plus : le médiatique, l'économique et, bien sûr, le spirituel (ce dernier pouvoir m'a été spécifié par Yves Le Maître, car il est devenu parfois si ténu qu'on aurait peine à le considérer, et il se cachait pour moi sous d'autres formes). En fait, ces pouvoirs auraient été depuis longtemps phagocytés par les trois autres, mais nous allons tous les retrouver dans trois des plus grands mensonges :

Les trois grands mensonges

1 - Premier Grand mensonge : « Le Pouvoir veut le Bien Public ».

Puisque les nations sont des assemblages territoriaux de divers districts, peuples, zones urbaines plus ou moins liées par des histoires et identités communes, il est convenu de dire que le Pouvoir local qui y règne est d'essence autochtone. Bien sur les forces – plus ou moins accentuées – de la gouvernance prétendent se placer sous des formes servant en premier une idéologie légitimiste du pouvoir : la ploutocratie (clique commerçante), la théocratie (clique clergicale), l'aristocratie (clique mafieuse seigneuriale) ou même la démocratie (clique nomenklaturiste). Ces diverses formes co-existent toujours à divers degrés d'importance au sein d'une idéologie cléricale, commerciale, seigneuriale, populiste déclarée en idéologique principale, puisque elles représentent la superstructure des quatre classes sociales (dites indo-européennes) d'une quadri-partition : prêtres, guerriers, commerçants, producteurs.

La représentativité… écoute des voix majoritaires mais aussi prise en compte des objections minoritaires, n'a pas attendu le… XVIIIᵉ siècle pour exister…

La réalité de la marche des choses sert en premier une idéologie (le commerce d'abord, ou la pureté des mœurs d'abord, etc.), puis la clique servant l'idéologie. Ceci, bien entendu, au nom du fameux bien public, censé recevoir en bout de processus dividendes et bénéfices des efforts des dirigeants. Il est donc entendu que le Bien Public doit être présenté comme une priorité, alors que tout le monde dans la classe politique dirigeante ne l'envisagera que comme une résultante.

Historiquement, on vérifiera que les peuples européens ont toujours été plus ou moins asservis fiscalement, juridiquement, culturellement, par des règles coercitives n'allant nullement dans le sens d'une plus grande liberté, auto-responsabilité, auto-détermination : les degrés d'affranchissement de ces règles ne sont accordées qu'à quelques rares groupes excen-

La découverte de l'Amérique
Un exemple de mensonge, flou d'abord, puis établi par la plus grande puissance européenne, l'Espagne.

En effet, il est très étrange de constater le besoin qu'ont eu les élites intellectuelles de l'Occident de choisir une figure fausse, puis de lui porter un culte, afin de marquer la découverte géographique officielle la plus importante depuis 10.000 ans : l'Amérique (d'autres découvertes, comme celles de l'Australie ou de l'Antarctique, n'eurent jamais la même faveur). Quant au "Storytelling" autour de Galilée, découvreur des anneaux de Saturne ou des satellites de Jupiter – dont ne parlait pas la Bible – il pourrait fournir un autre exemple, mais moins clair, moins évident (la figure de ce génial découvreur ayant de plus été récupérée par des scénarios subsidiaires).

La figure de Christophe Colomb est fausse pour plusieurs raisons, en dehors des "découvertes" réalisées par des *autres* (scandinaves, égyptiens, etc.). Nous en prendrons deux, assez factuelles mais définitives, pour établir que d'une part, non seulement les élites occidentales (nobles et religieuses) connaissaient l'existence de l'Amérique, mais qu'en plus elles choisirent la figure de Colomb en dépit de toute logique.

a) Première raison, établissant la fausseté de la figure de Colomb-le-découvreur, le traité de Tordesillas de juin 1494, partageant "les nouvelles terres" non découvertes selon un méridien « situé à l'ouest des dernières terres connues, (Canaries et Açores). Colomb n'était pas encore revenu de son second voyage (1493-1496), destiné à implanter des exploitations (de sucre, entre autres) stables sur les îles antillaises découvertes en 1492. On se se souviendra que vers 1487 Colomb avait fait une conférence devant un conclave d'évêques portugais, et que le traité de Tordesillas allait créer de fait le Brésil, la couronne espagnole n'ayant ni la force ni le désir d'entrer en lutte contre son ancien comté (le Portugal) séparé d'elle depuis 1143. Ce qu'il faut en déduire, c'est que les classes dirigeantes de la péninsule ibérique connaissaient l'Amérique du Sud, et quelque peu sa situation géographique.

b) Seconde raison, plus objective, Colomb ne touchera le continent américain (au Honduras dit-on) que le 5 août 1498, **Jean Cabot ayant déjà touché le Canada en 1497**. L'expédition de Cabot ne faisait que concrétiser le fait que les pêcheurs européens allaient depuis des dizaines d'années à Terre Neuve, et que Pinzon, le second de Colomb pour le voyage de 1492, y aurait lui même été... Diogo de Teive serait parti de Lisbonne en 1452 pour explorer le Canada, précédant Gaspar Corte-Real et Álvaro Martins Homem, arrivés à Terre-Neuve en 1472 (ceci attesté par des documents danois et portugais). – Merci à Eulalie Steens pour nous avoir signalé l'antériorité portugaise au Canada.

Pourquoi donc alors avoir retenu et imposé Colomb, et même en avoir fait un *Découvreur*, un homme mu par le besoin de savoir (lui ne se définissait que comme un entrepreneur), et l'impérieuse nécessité de vérifier une intuition basée sur des calculs (raison qui ne fut jamais à la base de la volonté du Génois) ? Cette question recouvre un autre fait qu'on n'aimerait pas avouer : l'acharnement très intéressé et même cupide de Colomb, pour tenter d'établir son rôle de Gouverneur sur des îles capables de produire le sucre onéreux dont l'Europe était avide.

Enfin, le déguisement du nom de l'Amérique est un autre mensonge : l'a-mérique ou a-mexique (prononcé avec la rota espagnole) était la terre des Mexicalts, nom que se donnaient les Aztèques de l'Empire de Tenochtitlan (Mexico). Le prénom (ou plutôt le surnom) du conquistadore italien Vespucci, grand raconteur de fables, n'a sans doute jamais été porté par d'autres que lui-même, avant qu'on l'affuble d'étymologies fantaisistes depuis le tudesque…

triques, comme des artistes, parfois des sectes ou congrégations, associations.

Dans ces conditions, le bien public judiciaire est lui aussi subordonné à l'idéologie principale, et n'est qu'une aimable fiction. On constatera qu'en fait, il sera d'abord un instrument de régulation et d'équilibre entre factions et sous-puissances du Pouvoir lui-même, le tout déguisé sous des arguments à peine hypocrites (l'hypocrisie étant la pensée sournoise). Quant à la Justice chargée de faire respecter les règles, us et jus, elle ne serait qu'un organe de l'exécutif.

Enfin, le Bien Public économique obéit d'abord aux fameuses logiques du marché, et le Pouvoir et la gouvernance n'ont en fait qu'une infime latitude d'action sur ces réalités. Il ne s'agit même pas de réhabiliter la simpliste pensée sociologique de Marx (avant qu'elle soit ramassée par Lénine et de pointer du doigts des esprits de classes, clans et cliques), mais de constater que l'argent (donc la croyance fiduciaire) fut de tous temps un outil privilégié du Pouvoir, certes, mais régi par le pouvoir économique, un sous-ensemble jamais réduit du Pouvoir.

2 - Deuxième Grand mensonge : « Le Pouvoir veut que la Vérité soit dite ».

C'est une idée assez singulière et tout à fait occidentale que de penser que le peuple (la masse des habitants) devrait tout savoir et être impartialement informé, voire même éduqué de manière à comprendre au mieux de ses possibilités d'intellection et de communication. L'Asie semble ne pas penser de la sorte, et considérerait comme légitime de n'informer que s'il y a demande, de n'éduquer que s'il y a capacités, d'accéder à la vérité que s'il y a assez de forces pour gérer son intégration.

En fait, ce devoir que s'imposerait le Pouvoir de dire la Vérité est à deux niveaux : il a un devoir de diffusion d'un minimum de vérité, pour ceux (existant de tous temps) qui savent juste lire, écrire et compter, et un devoir de diffusion pour ceux capables d'avoir fréquenté un *enseignement supérieur*. Ce dernier, assez dénaturé en Occident, devrait reposer sur des bases humanistes raffinées, presque confucéennes, et philosophiques à tout le moins, capable de mener les intellects capables à des possibilités de raffinement.

La ville étant le lieu des communications et des échanges (y compris d'informations), il n'est pas étonnant que les cités grecques (et leurs con-urbations rurales) aient été les premiers lieux d'une éducation supérieure sortie des Temples et placée sous la responsabilité d'associations d'étudiants 'libres', désireux d'accéder au Savoir (les seconds lieux d'une telle démarche furent les Universités occidentales).

Le frelaté cerne les Puissants et diffuse ses effluves nauséabondes au plus profond de leurs Cours et cénacles.

Plus loin que l'enseignement supérieur, les palinodies des élites, concernant la diffusion de la vérité de la réalité, pourront être illustrées par un simple exemple, la découverte de l'Amérique (voir encadré).

3 - Troisième Grand mensonge : « Le Pouvoir veut être légitime en représentant la volonté du peuple ».

En effet, le pouvoir devrait être légitime nationalement (et de nos jours, de plus en plus, internationalement), mais est-ce qu'il le veut ? Et s'il le voulait, quelle serait l'ordre de priorité de cette volonté ? Il faut répondre à ces deux questions par un constat : la légitimité du Pouvoir tient et se présente par une façade dite de démocratie représentative – si cette façade est lézardée, il faut la réparer, mais on peut tenir quelques années avec des promesses. Or cette façade est issue des théories de quelques penseurs du XVIIe et XVIIIe siècles, théories valides sur certains points (détermination par la majorité), fausses et non-ré-examinées sur d'autres (problèmes de la dilution de la représentativité, découpages favorables à des majorités circonstancielles, etc.)

Il faut glisser une incise sur la reconnaissance internationale, passant de nos jours par les validations du pouvoir médiatique lui aussi international. La remarque sur la façade lézardée sera aussi à retenir.

L'idée de représentativité est elle-même issue des micro-nucléus que sont des clans vivant dans des hameaux, ou surtout des villages : là, quelqu'un peut parler pour tous, se parer d'insignes représentant la micro-collectivité, présenter la volonté collective. Ce maire ou ce responsable s'inspire de la figure du bon chef de famille, magistrat qui préside aux distributions équitables et rétributions impartiales. Puisque cette idée se démontre et s'illustre par des cas, on en prétend qu'elle est le modèle inaltérable et normatif de la représentativité.

Le peuple, donc, n'existait pas avant la Renaissance, puis émergea l'idée que le groupe serait représentatif. Napoléon lui même le pensait, qui voulait penser des futurs politiques régis par des "grands ensembles." Cette idée repose sur un principe de base qui fonderait le Pouvoir : « A plusieurs, on est plus forts. » Le Pouvoir se définit donc là, à la base, par la force, non par la légitimité (et il sait ne pas l'oublier).

La représentativité, qui est écoute des voix majoritaires mais aussi la prise en compte et l'en-

Georges Méliès, *Escamotage d'une dame chez Robert Houdin*, film avec nombreux trucages datant de 1896. Il est à noter plusieurs choses : le terme prestidigitation parle de doigts prestes, mais fait aussi référence au prestige, art classique du magicien d'estrade, et mot venu, par les Romains, d'un honneur factice, tel celui rendu en Grèce aux productions de dieux sur la scène du Théâtre, cette forme liturgique présentant des tragédies et même des comédies tirées des mythes. D'autre part, il s'agit surtout d'illusionnisme, art de mentir avec le Réel (d'intéressantes théories couvrent cette discipline). Enfin, conservez cette image dans ce numéro de *Un Temps*, car elle est la preuve que le cinéma n'a pas été inventé par Edison, comme le prétend Wikipedia, en accord avec les puissances de notre temps. Image tirée du film, lui-même dans le domaine public.

registrement des objections minoritaires, n'a pas attendu les XVIIe et XVIIIe siècles pour exister, puisqu'elle aurait été présente dans les cités grecques, par exemple, ce qui fonde le haut respect qu'on lui porte. On remarquera que nos théoriciens modernes oublièrent d'autres dispositions, comme par exemple les "tribuns de la plèbe" censés déjà corriger les premières dérives d'une société romaine (triomphante) où le juridisme était un culte poussé dans certains extrêmes.

De nouvelles méthodes

Depuis une vingtaine d'années, un nouvel état de fait prévaut, en ce qui concerne la communication de la Réalité : le réseau Internet mondial. L'humanité pourrait communiquer sans le pouvoir discrétionnaire des médias, grâce à des échanges non plus téléphoniques ou télévisuels limités, mais en créant des conversations électroniques riches d'images et de vidéos, publiées instantanément pour un coût marginal.

A force de remplacer la culture et les valeurs par du corrompu, les gouvernants sont amenés à vivre cernés par du pourri.

En conséquence, de nouvelles formes de mensonge sont apparues, pour conserver le Pouvoir hors d'atteinte de sa dépossession de la prérogative du mensonge. Et ces nouvelles formes de mensonge, reposant d'abord sur un brouillage de controverses, puis sur des forces d'argumentation fédératives et prenant les allures de modes et de succès, sont parfois incontrôlées et incontrôlables, ce qui les rend de ce fait, en apparence, presque naturelles. Tout ce qui alimente les canulars, bobards, mais aussi les vraies et fausses prétendues révélations, et aussi les vraies et fausses conspirations, contribue d'abord au brouillage des controverses, où nul arbitre, nulle autorité de parole médiatique ne peut plus trancher.

Comme, depuis 1945, le gouvernement par le mensonge s'appuie sur des psychologues et des psychotechniciens, les techniques de mensonge se sont raffinées, avec l'idée que ce qui est vrai ou faux n'a plus d'importance, pourvu qu'on saisisse l'occasion de manipuler le courant principal qui y croira ou pas. Bien sûr, même les manipulateurs n'y comprennent plus rien, aussi ce que j'écris là, peu de monde le comprendra.

Et les réseaux sociaux ne sont pas des avancées, ou des nouveautés, ou ne vont rien révolutionner.

Le problème du gouvernement par le mensonge est assez complexe et seuls quelques sociologues osent l'aborder. Il y a en outre des problèmes de champs, de méta-valeurs, de corruptions, et même de *conspirations liquides* (comme disait George Picard, cité par Charles Imbert) qui compliquent son abord, et perturbent la sociologie avec des données psychologiques et même des cosidérations spirituelles (c'est inévitable).

Ce gouvernement par le mensonge pourrait se croire bien installé et amené à durer, si un phénomène pervers de remontée de corruption des valeurs ne venait perturber ses fondamentaux. En d'autres termes, les élites sont elles-mêmes atteintes par les mensonges qu'elles ont diffusé, et qui rend relatif le monde de luxe qu'elles désirent habiter. Le frelaté cerne les Puissants et diffuse ses effluves nauséabondes au plus profond de leurs Cours et cénacles. A force de remplacer la culture et les valeurs par du corrompu, les gouvernants sont amenés à vivre cernés par du pourri. Ce toxique les rend ensuite malades…

Revenons au mensonge lui-même… Une question que l'on rencontrera souvent est : « pourquoi est-ce qu'ils mentent si mal, en laissant des indices ? »

En dehors de la vantardise (sous estimée), la réponse est simple : puisque le crime parfait n'existe pas, il est inutile de parfaire un mensonge. Car tout le monde sait que *la Vérité peut ressurgir*, n'importe comment, n'importe où, et on ne sait parfois pas pourquoi. Dans ces conditions, il est plus économique, profitable et stable, de créer un monde de demi-vérités, en laissant, comme dans la caverne, des théoriciens s'affronter.

Il serait donc inutile et illusoire de créer des :
– mensonges que le public pourra découvrir
– mensonges que le public ne pourra jamais découvrir, puisque un jour ou l'autre, le public pourrait découvrir la vérité sous même des mensonges qu'il était censé ne jamais découvrir.

...Par contre, ce qu'on peut faire est retarder la prise de conscience du mensonge. Comme disait Mark Twain, « Il est beaucoup plus difficile de ramener la vérité que de mentir », certes, mais des fois aussi, la vérité revient avec la soudaineté d'un boomerang. Il suffira donc de mentir une fois encore.

L'émergence de la vérité peut ainsi suivre une courbe de Gauss : entre le mensonge originel et le premier fait indubitable de divulgation, plus la courbe de Gauss est plate, plus on peut s'attendre à pouvoir l'étaler jusqu'à ce que tout le monde comprenne qu'on a menti.

Toutes ces techniques ont bien sûr été présentées et produites par des analystes au service du pouvoir, ceci depuis 1945, date qui semble présenter l'émergence cynique des plus grandes vogues des mensonges publics modernes, liés à l'émergence des psychotechniques.

Le cirque est un spectacle issu des cirques pour chevaux, mais connut un grand développement à partir de Phineas Taylor Barnum au XIXe siècle. Il fut conçu pour combler le voyeurisme et satisfaire la naïveté, de l'aveu même de Barnum. Lithographie de Strobridge & Co. New York, Cincinnati, domaine public.

Conclusion

Ce serait un constat un peu désespérant que de se borner à évoquer cet état de fait actuel, ce gouvernement mondial par le mensonge, mais il faudra se souvenir qu'Anaximandre ou Platon, constatant le mensonge déjà à l'œuvre, le considéraient comme un mal avec lequel composer. Ces penseurs, se définissant ou non eux-mêmes comme philosophes (en fait, ils dirigeaient des écoles d'enseignement supérieur, sur le modèle des maîtres orphiques initiés), conservaient une confiance inébranlable dans ce que Platon nomma l'Intellect, et Anaxagore le Noos, c'est à dire l'intelligence directrice et fondatrice de l'Univers.

Bien sûr, cette conception ouvrant sur le panthéisme, elle fit en fait le lit du monothéisme – une fois qu'elle fut récupérée, le Un étant alors considéré dans ses dimensions métaphysiques – mais il faudra surtout voir que, selon les compléments de ces pensées, le vrai prévaut sur le mensonge, qui quant à lui s'épuise en infertilités.

Ce qui signifie que c'est le Pouvoir que l'on doit regarder et désigner, comme étant arbitre ou arbitraire.

L'appel de Platon pour convier les élites, les sommets de la pyramide sociale, à davantage de conscience et de responsabilité, sera en fait une conséquence inévitable si le Pouvoir récupère un jour l'essence du pouvoir spirituel (ce qui lui est actuellement interdit, le discours athée dominant interdisant tout retour à des colorations spirituelles).

Certes, il reste à envisager la crise du passage d'un état de gouvernement par le mensonge à un état de gouvernement auto-responsable, mais il eut aussi des crises molles, comme par exemple le passage en URSS de la nomenklatura communiste à une nomenklatura ploutocratiste (sur le modèle mondial). En fait, le problème devient ici *politique*, et bien qu'on ait dépassé les tentatives d'influences par les cris d'estrade, les émeutes et les scandales, la nostalgie reste grande de revenir à des politiques barbares…

Le grand problème du Gouvernement par le mensonge est ainsi et enfin, non pas tant dans le mensonge que dans le gouvernement. Ce qui signifie que c'est le Pouvoir que l'on doit regarder et désigner, comme étant arbitre ou arbitraire.

Dans le cas où il est arbitre, le Pouvoir se borne à appliquer les décisions de magistrats responsables, situés en haut de la pyramide sociale.

Dans le cas de l'arbitraire, de l'Empire déchaîné et jouissant de son autorité (situation décrite par Orwell), le Pouvoir est malade, atteint par la paranoïa et diverses maladies mentales, ceci au plus haut niveau, ce qui rigidifie les organes exécutifs (et en fait tous les organes du Pouvoir, qu'ils soient économiques, médiatiques, judiciaires ou spirituels).

Il sera inutile de conclure cette conclusion par l'appréciation du Pouvoir sur son propre statut, puisque le Pouvoir n'admet jamais que son gouvernement puisse être perfectible, n'admet jamais qu'il puisse être hors légitimité, n'admet jamais qu'il puisse devoir rendre des comptes à qui que ce soit. Selon le discours du Pouvoir, on nagerait toujours en pleine utopie, alors que pour une marge importante de ses administrés, la dystopie est juste devenue pire qu'auparavant.

Michel Barster

CRITIQUES LITTERAIRES

Eloge de l'Ombre
Junichirô Tanizaki
Traduit du japonais par
René Sieffert
Editions Verdier - 2011

Junichirô Tanizaki est un écrivain japonais, né à Tokyo le 24 juillet 1886 dans une famille de très riches commerçants. A la mort du grand-père en 1888, les Tanizaki subirent un déclin financier important. Adolescent, Junichirô dût aller vivre dans une autre famille, qui l'employa pour donner des cours à leurs enfants. Il fut renvoyé lorsque l'on apprit sa liaison avec une autre domestique.

En 1908, il s'inscrit à l'université de Tokyo en lettres japonaises. C'est dit : il décide de devenir écrivain. Mais c'est la déception : il n'arrive pas à se faire éditer et plonge dans une dépression nerveuse. En 1910, une nouvelle revue publie sa pièce de théâtre *Naissance*. S'ensuivent diverses publications. C'est le début d'une carrière entièrement tournée vers les lettres. Tanizaki écrit avec frénésie et publie sans cesse, bien qu'il se voie censuré pour outrage aux bonnes mœurs. Il n'a en effet aucun tabou, parle de sexualité, d'érotisme, des désirs de la jeunesse. Ses héros sont souvent sans scrupules, immoraux, et les femmes y sont dépeintes comme des séductrices – dominatrices. Sa vie privée est aussi émaillée de scandales : il se marie en 1915 avec une geisha (dont il aura un enfant). Mais, quand la sœur de son épouse vient vivre avec eux, son cœur balance... Tandis qu'un autre homme, lui aussi écrivain et poète, fait la cour à son épouse. Quinze ans plus tard, le mariage se brise et le quatuor éclate : Tanizaki cède officiellement son épouse à son rival. Autre scandale. (Il se remariera en 1931 puis encore en 1935). Malgré sa vie privée agitée, Tanizaki continue de publier énormément et s'essaie à tous les genres. Y compris le cinéma.

En 1923, le tremblement de terre qui ravage Tokyo le fait déménager en province. C'est après cet événement qu'il commence la production de grands romans. Avec la montée du nationalisme, dû à la 2ème Guerre Mondiale, il est de nouveau censuré. En effet, ses sujets d'écriture sont bien loin des valeurs traditionnelles prônées par le gouvernement.

Ce n'est qu'à partir de 1946, une fois la guerre terminée, que les écrivains japonais purent sortir du carcan étouffant de la société. Tanizaki devient extrêmement célèbre. Il publie des romans dont les sujets sont considérés par certains comme scandaleux, voire pornographiques.

Bien que sa santé se dégrade à partir de 1960, il continue de publier et rate de peu le Prix Nobel de littérature en 1964. Il mourra l'année suivante.

Éloge de l'ombre est un essai publié en 1933. L'auteur de la traduction française est le japonologue René Sieffert (1923 - 2004). René Sieffert fut Professeur de japonais et directeur, à Paris, de l'INALCO, l'*Institut National des Langues et Civilisations Orientales*, (Langues'O, pour les intimes). Sa traduction fut publiée en 1978 aux Presses Orientalistes de France, maison d'édition dont il fut le fondateur avec son épouse Simone Maviel. L'ouvrage a été réédité par les Éditions Verdier en 2011.

Le texte se présente sans chapitres, sans coupures, sans paragraphes précis. Tanizaki a pris le parti d'écrire une sorte de long discours, comme une longue rêverie, sur un phénomène japonais : l'ombre. C'est-à-dire le côté obscur des choses, mais aussi du mental. Il commence par l'architecture et les maisons de thé, avec une évocation savoureuse sur le plaisir d'aller se soulager dans des lieux d'aisance, installés au fond du jardin, conçus selon lui « pour la paix de l'esprit (...) où l'on peut contempler l'azur du ciel et le vert du feuillage (...) et où il me plaît d'entendre tomber une pluie douce et régulière ». Puis il évoque le jade, les objets en laque, l'intérieur des maisons traditionnelles japonaises dotées de leurs cloisons mobiles en papier (*shôji*), le théâtre : le *nô* et le *kabuki*, l'art pictural, la beauté féminine avec la couleur de la peau... et les dents noircies, l'alimentation (il donne la recette des sushi de saumon aux feuilles de kaki)... Quel en est le point commun ? L'ombre, l'obscurité, le non-reflet. Car « le beau perd son existence si l'on supprime les effets d'ombre ». « A un éclat superficiel et glacé, nous avons toujours préféré les reflets profonds, un peu voilés (...), ce brillant légèrement altéré qui évoque irrésistiblement les effets du temps. (...) C'est le brillant que produit la crasse des mains. Les Chinois ont un mot pour cela, le lustre de la main ; les Japonais disent l'usure. » En effet, « un laque décoré à la poudre d'or n'est pas fait pour être embrassé d'un seul coup d'œil dans un endroit illuminé, mais pour être deviné dans un lieu obscur. » Par ce biais, Tanizaki évoque le clivage qui existe entre les Asiatiques et les Occidentaux, lesquels sont « toujours à l'affût du progrès, s'agitent sans cesse à la poursuite d'un état meilleur que le présent. Toujours à la recherche d'une clarté plus vive. »

Et Tanizaki de conclure : « Pour moi, j'aimerais tenter de faire revivre, dans le domaine de la littérature au moins, cet univers d'ombre que nous sommes en train de dissiper. J'aimerais élargir l'auvent de cet édifice qui a nom littérature, en obscurcir les murs, plonger dans l'ombre ce qui est trop visible, et en dépouiller l'intérieur de tout ornement superflu. (...) Et pour voir ce que cela peut donner, et bien, je m'en vais éteindre ma lampe électrique. »

Après avoir lu ce livre, nous, Occidentaux, nous ne regarderons plus le monde de la même façon. Pour nous révéler à nous-mêmes et aux autres, n'hésitons pas, nous non plus, à apprendre à éteindre la lumière.

Eulalie Steens

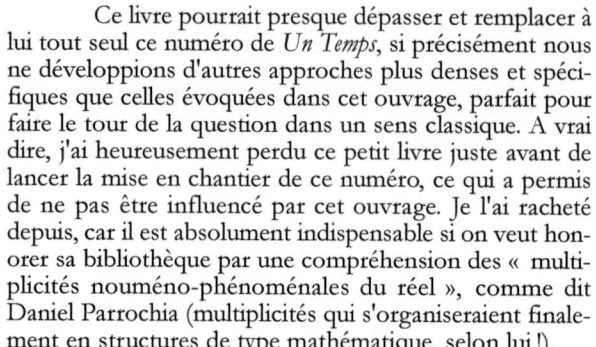

LE RÉEL
Daniel Parrochia
Bordas - 1991

Lorsqu'un ouvrage est de forte qualité, il faut le dire. Ce livre parut en 1991 dans une collection de grande tenue, elle aussi, mais au format poche, et on constate la grande misère de la philosophie en France en notant que cette collection Bordas (alors filiale de l'énorme groupe Presses de la Cité) n'avait aucun prestige ni publicité.

Ce livre pourrait presque dépasser et remplacer à lui tout seul ce numéro de *Un Temps*, si précisément nous ne développions d'autres approches plus denses et spécifiques que celles évoquées dans cet ouvrage, parfait pour faire le tour de la question dans un sens classique. A vrai dire, j'ai heureusement perdu ce petit livre juste avant de lancer la mise en chantier de ce numéro, ce qui a permis de ne pas être influencé par cet ouvrage. Je l'ai racheté depuis, car il est absolument indispensable si on veut honorer sa bibliothèque par une compréhension des « multiplicités nouméno-phénoménales du réel », comme dit Daniel Parrochia (multiplicités qui s'organiseraient finalement en structures de type mathématique, selon lui !).

En effet, ce livre traite de l'idéalisme, du premier réel scientifique, de la physique de Newton à Einstein, du quantique, mais aussi de la subjectivité, du sens et de la causalité, ceci à chaque fois en plusieurs chapitres complets, clairs et non-jargonnants. Ici, "clair" veut dire non seulement lisible, mais intelligent et présentant tenants et aboutissants, même lorsqu'il s'agit de la *Realität* chez Hegel. "Complet" veut dire que les sujets ont été abordés honnêtement, exhaustivement, et qu'en particulier toute la question du *Sens* est un sommet de présentation, avec le souci d'aller au bout du sens, celui-ci étant respecté tant pour ses ouvertures poétiques que pris à bras le corps et couché pour montrer ses structures. "Non-jargonnant" veut dire que vous aurez un exposé du quantique ou de la physique classique absolument digne d'un esprit ayant compris l'histoire de quoi il s'agit, et tra-duisant cet exposé en terme de démarche (vous aurez ainsi la narration des expériences d'Aspect sur les célèbres inégalités de Bell, dans des paragraphes précis). La conclusion de ce passage sur le quantique sera d'ailleurs laissée à Bernard d'Espagnat et ses deux types de réalité, l'une indépendante, l'autre empirique, basées sur deux types d'objectivités, une faible et une forte, aboutissant à des concepts comme le réel voilé. Pour aller plus loin, on pourra d'ailleurs consulter le "*A la recherche du réel (le regard d'un physicien)*" de Bernard d'Espagnat, qui évoque de manière plus discursive que chez Parrochia les fameux débats sur le réalisme physique, avec par exemple tout un chapitre – le 7 – consacré aux "objections d'Einstein."

On comprend ainsi que, comme pour le réel, toutes les réponses composites sur des concepts flous aient fini par ruiner l'espoir d'une philosophie globale

(Docteur en philosophie, chercheur au CNRS, Daniel Parrochia sait de quoi il parle). Sans cet espoir, cet auteur constate qu'il faudrait se positionner hors du positivisme (il doit être gêné par les abus de ses collègues). Aussi, sa conclusion ne frappe-t-elle pas un dernier coup de marteau sur l'enclume, pour (r)établir la dureté du réel, mais est-elle de nature presque poétique, encourageant le philosophe à aimer la vie – quel dommage de n'avoir pas dit que le réel est réel !

Charles Imbert

LE GRAND DÉBAT DE LA THÉORIE QUANTIQUE
Franco Selleri
Flammarion - 1986

Quel grand débat ? La réponse est claire, et elle tient en trois mots : *réalité, compréhensibilité, causalité*. Autrement dit, **a)** est-ce que les entités de base de l'atome existent indépendamment de l'observation, et **b)** si oui, peut-on construire des modèles correspondant à des illogismes, pour comprendre structures et évolutions de ces objets et
c) peut on formuler des lois pour attribuer au moins une cause à chaque fait observé ?

…Depuis 1927, les fondements de la mécanique quantique sont connus, et l'approche des trois questions constitua une première étape, puis ensuite vint le temps des incompréhensions redoublées. Le grand débat fut énorme, et il aurait pu continuer, s'il y avait eu seulement encore l'espoir de "comprendre", espoir déçu et piétiné depuis presque un siècle.

Au lieu de se dire « Tiens, un livre de plus sur le Quantique », j'aimerais souligner combien cet ouvrage discret est en fait essentiel, au milieu de nombreuses autres publications. En effet, il fait la chronique des découvertes au fil du temps, avec les portraits de quelques demi-douzaines de figures essentielles, et leurs débats. Ce livre est sérieux, complet, parfois compréhensible par seulement des spécialistes, mais destiné aussi à faire comprendre que les plus grands *savants* du monde, depuis le départ, n'ont pas compris ce qu'ils observaient.

Bien sûr, on ne l'a pas dit sous cet angle. Au contraire, bien au contraire, tout au contraire, les médias ont bassiné tout le monde avec la prodigieuse saga des découvertes de l'atomisme, avec comme résultat ces épastouillants effets : la bombe atomique et l'électricité d'origine nucléaire. De telles réussites, dans l'histoire de l'humanité, une telle persistance dans le succès ne pouvaient signer qu'un âge de la super-intelligence. Inutile donc de dire qu'on avait mis sous le tapis un incroyable ragoût puant, une cagade désastreuse : les apprentis sorciers ne savaient presque pas ce qui se passait en fait (sauf souvent par probabilités).

Sauf qu'eux-mêmes le disaient parfois. On trouvera par exemple dans ce livre – pour clore un chapitre ! – une citation de Dirac en 1972 : « Je pense qu'on devrait dire que le problème de la réconciliation de la théorie quantique et de la Réalité n'est pas résolu. » … Depuis lors, quoi de neuf ?

Mais revenons à ce livre assez dense, fourmillant littéralement d'aperçus essentiels. Comme Franco Selleri est Physicien et Professeur d'Université (en Italie), nous avons des explications, des démonstrations, des commentaires prolixes, bref c'est un peu plus épais que le *Cantique des Quantiques*, ou bien des ouvrages de vulgarisation : ici on ne s'abaisse pas, on est dans le labo ou le bureau, et si Charles Imbert regrette de ne pas avoir trop exposé les ordres implicites, qu'il ne se plaigne pas, il aurait dû aussi parler (et il l'aurait fait) des ordres enveloppés de Bohm…

Pour clarifier, je peux aussi reproduire une autre citation figurant dans ce livre, cette fois d'Heisenberg, qui disait (après une référence sur Pythagore disant que toute chose est nombre) : « Il ne peut y avoir de doute que les particules élémentaires seront également, pour finir, des formes mathématiques. »

Et puis il faudra que je close cette critique sur un des passages les plus signficatifs de ce livre important, pris dans sa conclusion… Allez, je recopie :
« Une des trois affirmations suivantes est nécessairement fausse :
1) Les objets atomiques existent indépendamment des observateurs humains.
2) Les objets sont effectivement séparés dans l'espace (Autrement dit, toute interaction entre deux objets doit

tendre vers zéro, quand la distance mutuelle de ces objets croît à l'infini).
3) La mécanique quantique est exacte.

S'ensuivent trois pages de développements, qui sont d'ailleurs les dernières du livre… et nous n'avons pas encore la réponse (je crois avoir lu quelque part qu'en accord avec la philosophie orientale, c'est la 2 qui était inexacte : car rien n'est séparé).
Eric Hermblast

examinons le monde microscopique avec des outils macroscopiques », mais ça ne changera rien à une philosophie de l'acceptation inconditionnelle, qui doit primer, comme dans l'exemple (cité dans la Conclusion) de la poule qui a couvé un œuf de cane : quand la poule découvre le petit canard, elle peut le rejeter, ou déclarer « c'est un poussin », ou ne rien dire et l'accepter.
Michel Barster

LE CANTIQUE DES QUANTIQUES
Sven Ortoli, Jean-Pierre Pharabod
La Découverte - 1998

Ce célèbre petit manuel de vulgarisation, volontairement sensationaliste, reste connu pour avoir présenté les pires paradoxes du quantique en prenant des exemples dans le monde macroscopique (le nôtre). Attention, ça vous fera secouer la tête, c'est promis.

C'est mince (137 pages format poche), mais c'est du très lourd. Soit on l'a déjà, donc on connaît, soit on ne l'a pas encore, et il va falloir que vous l'achetiez. Après, qu'en dire de plus ? Eh bien c'est tout à fait excellent, et complet. La conclusion est un peu rapide, en analysant ce qu'est la rationalité en une seule page, mais après tout, elle suffit, après avoir examiné les positions entre matérialistes et "les autres".

Vous devrez aussi vous procurer l'édition de 98 (et pas celle de 84), qui comporte une postface à propos du célèbre chat de Schrödinger, en quatre pages, un truc tout à fait bath, comme le reste, mentionnant aussi qu'on a refait l'expérience d'Aspect avec une distance non plus de 13 mètres, mais de 11 kilomètres, et que c'était toujours valide. Je ne sais pas s'il existe des éditions plus récentes encore mieux enrichies.

En définitive, une des clés de tout le truc tient peut-être en une phrase noyée dans le fil du texte : « Nous

A LA RECHERCHE DU RÉEL
Bernard d'Espagnat,
Gauthier-Villars - 1979

Après tout, les professionnels censés s'occuper de la Nature, de la Physique, donc de la Réalité sont bien les Physiciens, et pourquoi bouder ce qu'ils ont à dire, surtout quand ils le disent pour qu'on comprenne ?

Bernard D'Espagnat (1921-2015) fut un de nos Grands Physiciens, Directeur du labo de Physique théorique et particules élémentaires à Orsay-Paris XI.

Ce livre sympathique fut important il y a 40 ans, relevant par exemple les critiques d'Einstein sur la méthode expérimentale (« Si **A** passe un test et le réussit, il est validé, mais que dire de **B** s'il ne passe pas de test ? »), et on retrouvera aussi le réel voilé, la question des mythes et modèles, et un abord de la philosophie la dénonçant *in fine* comme discours, et idéalisme qui s'ignore…

En 1981 et 1982, trois ans après ce livre, Alain Aspect allait s'occuper des inégalités de Bell, dont d'Espagnat nous donne toute une bibliograhie ! Ce livre est donc pour les collectionneurs complétistes, amoureux de la question du réel. Ou alors, pour caler une table…

Et la Vérité ? Pour accéder à la Vérité, selon d'Espagnat dans sa conclusion, rien ne vaut les faits, rien que les faits, et il faut donc se tenir au courant des découvertes en Physique. « On n'aurait pu mieux dire, mon cher Watson. »
Eric Hermblast

CHARTE DES CONTRIBUTEURS

Un Temps est constituée d'articles spécialement rédigés dans le cadre des thèmes annoncés. La participation d'auteurs extérieurs peut s'accepter sans que quiconque se voie associé ou impliqué au delà de ses propres déclarations.

I Contributions

1 – Tout être humain peut contribuer à Un Temps en proposant des textes ou des images, réputés non sollicités ou commandés, dans le respect des autres contributeurs, et de l'image de la revue. Il ne devra pas être introduit de mensonge, basse propagande, ou expression contraire aux Lois, coutumes, us et politesses (liste non limitative). Si malgré la vigilance, l'attention et la censure responsable du Comité de Rédaction de *Un Temps*, des contenus litigieux venaient à être publiés, leur auteur en resterait seul face aux conséquences, la rédaction ne s'associant pas forcément à la défense d'opinions externes gentiment publiées.

2 – Chaque texte est soumis au Comité de Rédaction qui vérifie l'application des présentes consignes. Le Rédacteur en chef pourra demander aux auteurs d'éventuelles corrections.
Dans un souci de cohérence, chaque article pourra être présenté, voire commenté, par l'équipe rédactionnelle.

3 – Le Comité de Rédaction détenant toute Autorité (mot bâti sur rite, voulant dire mise en ordre, et auto, c'est nous) sera Souverain Décideur sans appel sur les contenus proposés et n'aura pas à motiver ses refus Soyons d'abord bien d'accord.

4 – Les contributions peuvent se faire sous forme d'article ou de rubrique. Il existe quatre sortes de contenus :
a) Les Articles de fonds en rapport avec le thème du numéro, en général annoncé dans le(s) n° précédant(s).
b) Les petits textes critiques entrant dans la rubrique Actualité et la rubrique Critique Littéraire.
c) Sur demande, une parution à la section « Expression libre » (qui peut accueillir les avis, articles et critiques d'invités)
d) Des Interviews de personnalités culturelles notables ou représentatives du mouvement des idées.

II Spécifications techniques

5 – Il est impératif de respecter la longueur imposée des articles :
8.000 à 30.000 signes, espaces compris, pour les articles,
5.000 à 10.000 signes, espaces compris pour les rubriques.
Chaque longueur sera précisée en concertation, en fonction du contenu prévu du numéro.

6 – Les images devront être adressés dans un dossier séparé, avec une définition de 300 dpi (pixels par pouce, traduction de dot per inch –dpi). Elles devront indiquer la source et l'auteur du document. Sachez qu'une copie mécanique reste une copie et que le Droit tolérant de moins en moins les abus de copies, une image non libre de droits sera refusée.

7 – Les délais de remise des textes sont impératifs car ils engagent toute la chaîne de fabrication. Tout article non parvenu à temps dans les délais annoncés s'expose à ne pas être publié.

8 – Chaque texte sera signé, daté, envoyé à Eclosion, sous forme de fichier PDF ouvert avec indication claire des places des illustrations, chapeaux, inters, éléments souhaités. Le cas échant, le format Word97 ou le texte de mail brut suppléeront. Les mots en majuscules, les doubles espaces, doivent être évités. Les citations doivent être entre guillemets.
Des intertitres sont souhaités pour faciliter la lecture, relancer l'intérêt. Au cas où ils ne figureraient pas, la Rédaction se réserve le privilège de créer des inters avec des portions de texte.
Une bibliographie succincte peut être jointe. Chaque citation ou renvoi d'ouvrage doit être sous la forme consacrée : *nom de l'auteur, titre de l'ouvrage en italique, éditeur, lieu et année de parution.*

Un article ne respectant pas ces points risquer de passer après un article les respectant (ou de ne pas passer).

III Obligations

9 – Eclosion, le label sous lequel est publié Un Temps, enverra à chaque contributeur un exemplaire de la revue dès qu'elle sera disponible.

10 – Chaque contributeur pourra d'acquérir jusqu'à 30 exemplaires de la revue à prix de réserve + frais d'envoi (voir avec Eclosion pour ces points), et fera son affaire de la revente et de l'écoulement desdits exemplaires, sachant qu'il est indiqué un prix de vente public de 14 €. Tout exemplaire en sus de ces 30 exemplaires sera facturé 10 € au contributeur.

11 – Chaque contributeur externe accepté et publié aura droit à un espace libre d'une demi-page pour une publicité pour ses

œuvres, ouvrages ou proclamation(s). Hélas, l'odieuse censure du Comité de Rédaction sera là aussi prépondérante et capable de refuser un contenu. Au bout de trois refus de contenu, l'espace libre sera réputé avoir été consommé, en même temps que la patience des censeurs. Il convient donc de bien s'entendre, et d'être de bonne foi, avant de se lancer dans toute démarche risquant d'aboutir à une impasse.

IV Bon goût

Responsabilité

12 – L'expression des auteurs est libre, donc mature et responsable. Les textes doivent s'inscrire dans l'esprit du thème et dans les limites du sujet traité.

En cas de désagrément et volonté de réagir contre un article publié dans la revue, il sera offert au contributeur froissé une possibilité de courte réponse exprimant son désaccord motivé, une fois et une seule, sous la forme d'un texte de réponse n'excédant pas une demi-page de la revue. Tout désaccord supplémentaire devra être réglé directement entre contributeurs. Le cas échéant, la rédaction se réservera le droit de publier une mise au point concluant sur le débat.

En cas de répétitions ou de redondances, aléatoires et indépendantes des volontés, chaque contributeur devra faire son affaire des éventuelles démonstrations d'antériorités ou discordes.

Censure immonde

13 – Tout article proposé peut être victime d'un refus définitif, même après concertation(s) sur la modification d'un point litigieux. L'indisposition totale d'un des responsables de la revue peut aussi être un cas de censure sans appel. Au cas où il y aurait eu promesse que l'article passera, et qu'il ne passe pas, le contributeur déçu en fera son affaire personnelle.

Niveau

14 – La première qualité d'un auteur est d'être compris par ses lecteurs. Ce souci de clarté doit inciter à rechercher la simplicité dans le style et dans les mots. Même si le succès vient couronner une publication, ceci n'ouvrira pas droit à lancer des ukases, exiger, dicter; se prendre pour un Directeur quelconque ou laisser peser ou menacer des comportements de star.

Sérieux

15 – Les exposés compilateurs et recopieurs arides ne sont pas du tout encouragés. Les erreurs, volontaires ou involontaires, ne déclencheront pas l'amusement de qui que ce soit. La réflexion personnelle, le témoignage, le ressenti et la prise de position mesurée sont toujours préférables à la citation d'Internet, et de sites qui pompent et se recopient déjà assez eux-mêmes. Ainsi, l'emploi du « je » est encouragé mais non exigé.

Citations – Icônographie

16 – Toujours tenter d'attribuer les sources et précédents à leurs auteurs. Réaliser ou faire réaliser ses propres schémas. Pensez à votre propre crédibilité et réputation.

Tolérance

17 – Les contributeurs accepteront qu'Eclosion, structure éditrice de Un Temps, prenne des pages de publicité dans la Revue et y étale des réclames pour les ouvrages qu'elle édite ou les contenus qu'elle publie ou fait paraître sur quelque support que ce soit.

V Propriété

18 – Comme pour de très nombreuses revues aux contributions bénévoles, chaque contributeur doit et est censé savoir que sa contribution est gratuite, et qu'il cède à Un Temps et à Eclosion ses droits sur ses textes et images pour reproduction et exploitation, à l'exemple de ce que font les autres contributeurs de la revue (et de ce qui sefait par usage).

19 – Un Temps et Eclosion pourront reprendre des articles, textes, extraits, pour les republier dans des recueils, anthologies, publicités, de nature à assurer le succès de la revue et de sa publication.

VI Réserve

20 – Toutes dérogations pourront être apportées et stipulées à cette charte par Contrat, dûment rédigé et passé entre le Contributeur et Un Temps et Eclosion, ce Contrat prenant le pas sur les présentes stipulations.

21 – Cette charte purement indicative et non-contractuelle pourra être révisée sans préavis, celle publiée dans le n° courant, à la date de son bouclage technique, devenant valide à la place de la précédente.

Le Comité de Rédaction de Un Temps.